윤회를 벗어나는

마하반야바라밀다심경

良志 譯註
南靑 書畵

맑은소리 맑은나라

【일러두기】

1. 현장, 『般若波羅蜜多心經』卷1(『大正藏』8, 848쪽. 하7.)을 저본으로 번역을 하고 다음의 주해본 등을 이용하여 번역함.
   대전, 『大顚祖師註解』(『卍續藏』26, 949쪽. 상5.)
   혜충(혜심·부용), 『三註般若波羅蜜多心經』(『卍續藏』26, 796쪽. 하8.)
   제바, 『註般若波羅蜜多心經』(『卍續藏』26, 720쪽.)
   원측, 『佛說般若波羅蜜多心經贊』卷1(『大正藏』33, 551쪽. 하9.)
2. 번역문도 바탕글로 함.
3. *표를 하여 해설을 함.

반야심경을 번역하면서

　반야심경은 불교의 핵심을 뽑아놓은 것으로 제목을 합하여 270자로 되어 있으며 불교인들이 가장 많이 독송하는 경전으로 사찰에서는 항상 독송하고 있는 아주 중요한 경전이다.

　불교인이라면 어느 누구나 수지(授持) 독송하는 경전이고 수행자들이 수행하는 방법을 설해놓은 것이다. 즉 수행하는 승가를 왜 존중해야 하는가를 설명하고 있다. 수행의 중요성을 어느 누구나 알아야 하고 왜 부처와 승가를 존중해야 하는가를 설명한 경전이라고 볼 수 있다.

　수행자란 진여의 지혜로 삼학(三學)에 맞게 살아가기 위하여 출가한 사람을 말하는데 진여의 지혜로 살아가는 것이 수행이고 존경해야 하는 이유이다.

　지식으로 살아가는 것은 어느 누구나 쉬운 일이다. 그러나 진여의 지혜로 살아간다는 것은 출가 수행자가 아니고는 할 수가 없는 것이다. 출가(出家)는 가출(家出)이 아니고 세간(世間)의 망념에서 출세(出世)하기 위하여 망념(妄念)을 버리고 피안의 세계에서 여래로 살아가는 청정한 대장부가 되는 것이다.

　그러므로 존경해야 하는 것이고 모두가 보호해야 많은 사람들이 행복하게 살아갈 수 있는 근원이 되는 것이다.

　이 경전은 그런 의미에서 많은 번역이 있지만 현장, 『般若波羅蜜多心經』卷1(『大正藏』8, 848쪽. 하7.)·대전, 『大顚祖

師註解』(『卍續藏』26, 949쪽. 상5.)·혜충, 『三註般若波羅蜜多心經』(『卍續藏』26, 796쪽. 하8.)·제바, 『註般若波羅蜜多心經』(『卍續藏』26, 720쪽.)·원측의 찬을 가지고 번역하고 간단하게 해설을 하였다.

인생의 고통에서 위안이 되는 지침서가 되는 경이기에 고통을 겪는 이가 읽어 보면 본성으로 살아갈 수 있는 것이다.

인생의 고통에서 헤어 나와 제2의 인생을 잘 살아갈 수 있는 경전이고 사라져가는 우리의 정신문화를 복원하여 극락세계가 현전(現前)하게 하는 경전인 것이다.

지혜와 지식을 계속 설명하여도 잘 이해하지 못하는 이들이 있는데 이것을 이해하지 못하면 존중해야할 승가도 부처도 없는 것이 된다.

왜냐하면 일반적인 지혜와 진여의 지혜는 확실히 다른 것이고 부처는 반야의 지혜에 의하여 탄생하는 것이기 때문이다.

어느 누구나 할 수 있는 일이지만 불법(佛法)에 맞는 지혜가 아니면 한 시절의 지식을 존중하는 것이 되어 철학(哲學)이 되는 것이고 종교(宗敎)가 아닌 것이다.

지혜는 자신이 하는 것을 자신이 아는 것이지만 계정혜(戒定慧) 삼학(三學)의 지혜가 되어야 하는 것이고 계율도 무상계(無相戒)의 계율을 잘 지켜야 하는 것이지 겉으로만 잘 지키는 것은 아무 소용이 없는 것이다.

출가(出家) 수행자는 진여의 지혜로 삼학(三學)에 맞게 살아가야 하기에 위대하다고 하는 것이다. 그리고 출세간이 없게 하려면 어느 누구든지 수행자가 되어 진여의 지혜로 살아가기만 하면 삼천대천세계가 극락국토가 되는 것이다.

모든 사람들이 위대하기에 부처는 모든 사람들을 위하여 천상천하유아독존이라고 한 이 말은 진정으로 위대한 말인 것이다. 이것이 모든 사람들을 위하여 대자비를 베푸신 것이다.

자신을 부처라고 한 것은 모든 사람들을 부처라고 한 것이고 모든 중생을 다 구제하였다고 한 것은 자신에게는 한 중생도 없기 때문에 다 구제한 것이라고 하신 것이다.

진여의 지혜가 중요한 것이지만 항상 열심히 노력하고 실천하는 생활 없이 멈추어 버린 진여의 지혜나 사구(死句)에 빠진 삶은 부처를 짊어지고 살아가는 것이다. 이것을 잘 알아야 한다.

반야의 지혜로 육도윤회를 뛰어넘는 정확한 방법을 설해놓은 가장 간결한 경전이기에 모두가 이 경전을 보고 다시는 한 중생도 없게 되어 모두가 피안의 세계에서 살아가는 날들이 항상(恒常)하기를 간절하게 바랍니다.

　　　　　단기4347년 불기2558년 늦가을 양지 합장

법신 반야 해탈

【차례】

윤회를 벗어나는 摩訶般若波羅蜜多心經

현장의 마하반야바라밀다심경 번역(摩訶般若波羅蜜多心經) 般
若波羅蜜多心經 (Prajñāpāramitā hṛdaya) 唐三藏法師玄奘譯

觀自在菩薩, 行深般若波羅蜜多時, 照見五蘊皆空, 度一切
苦厄. 舍利子! 色不異空, 空不異色, 色即是空, 空即是色.
受, 想, 行, 識, 亦復如是. 舍利子! 是諸法空相, 不生不滅,
不垢不淨, 不增不減. 是故, 空中無色, 無受, 想, 行, 識. 無眼,
耳, 鼻, 舌, 身, 意. 無色, 聲, 香, 味, 觸, 法. 無眼界, 乃至無意識
界. 無無明, 亦無無明盡, 乃至無老死, 亦無老死盡. 無苦, 集,
滅, 道. 無智, 亦無得.

以無所得故, 菩提薩埵, 依般若波羅蜜多故, 心無罣礙. 無
罣礙故, 無有恐怖, 遠離顚倒夢想, 究竟涅槃. 三世諸佛, 依般
若波羅蜜多故, 得阿耨多羅三藐三菩提.

故知般若波羅蜜多, 是大神咒(呪), 是大明咒(呪), 是無上
咒(呪), 是無等等咒(呪), 能除一切苦, 真實不虛, 故說般若波
羅蜜多咒(呪).

即說咒(呪)曰, 「揭帝 揭帝, 般(波)羅揭帝, 般(波)羅僧揭帝,
菩提 僧莎(薩婆)訶.[1]

※ 呪文 Gate gate pāragate pārasaṃgate bodhi Svāhā.

---

1) 唐三藏法師玄奘譯, 『般若波羅蜜多心經』卷1(『大正藏』8, 848쪽. 하7.)

마하[2])반야바라밀다심경(摩訶般若波羅蜜多心經)

위대한 반야의 지혜로 육도윤회를 벗어나서 불심(佛心)으로 살아가는 올바른 경전(길, 방법)

觀自在菩薩, 行深般若波羅蜜多時, 照見五蘊皆空, 度一切苦厄.(관자재보살 행심반야바라밀다시 조견오온개공 도일체고액)

자비(慈悲)를 실천하는 관자재보살께서 말씀하시기를, 반야의 지혜로 육도윤회를 아주 벗어나고자 하면 오온(五蘊)을 회광반조(廻光返照)하여 모두가 공(空)이라는 사실을 자각하여야 일체(一切)의 고액(苦厄)을 뛰어 넘게 되는 것이라고 하셨다.

舍利子, 色不異空, 空不異色, 色卽是空, 空卽是色, 受想行識, 亦復如是.(사리자 색불이공 공불이색 색즉시공 공즉시색 수상행식 역부여시)

사리자(舍利子, 지혜제일 사리불, 그대들)여 이와 같이 하면 색(色)은 공(空)과는 다르지 않고, 공(空)도 역시 색(色)과는 다르지 않고, 색(色)에 대한 망념이 없게 되어 바로 공(空)이 되고, 공(空)이라는 집착도 없으므로 바로 실상이 되는 것이고, 수상행식(受想行識)도 역시 이와 같게 되는

---

2) 마하 : 현장의 『般若波羅蜜多心經』에는 마하(摩訶)가 없고 구마라즙의 『摩訶般若波羅蜜大明呪經』에는 마하(摩訶)가 있고, 測(원측) 撰, 『佛說般若波羅蜜多心經贊』卷1에는 불설(佛說)이라고 하고 있음.

것이다.

　舍利子, 是諸法空相, 不生不滅, 不垢不淨, 不增不減.(사
리자 시제법공상 불생불멸 불구부정 부증불감)
　사리자(그대)여 이것이 바로 제법(諸法)이 모두 공(空)한
모습이라는 것으로 불생불멸(不生不滅)이고, 불구부정(不垢
不淨)이며, 부증불감(不增不減)이 되는 것이다.

　是故, 空中無色, 無受想行識(시고 공중무색 무수상행식)
　그러므로 공(空)에는 차별의 색(色)은 없고, 번뇌망념으로
된 차별의 수상행식(受想行識)도 없게 되는 것이고,

　無眼耳鼻舌身意, 無色聲香味觸法.(무안이비설신의 무색
성향미촉법)
　차별의 안이비설신의(眼耳鼻舌身意)도 없고, 차별의 색성
향미촉법(色聲香味觸法)도 없고,

　無眼界, 乃至無意識界.(무안계내지무의식계)
　안계(眼界)도 없고 내지 의식계(意識界)도 없고,

　無無明, 亦無無明盡, 乃至無老死, 亦無老死盡.(무무명 역
무무명진 내지무노사 역무노사진)
　무명(無明)도 없고, 역시 무명(無明)이 다하는 것도 없고,
내지 노사(老死)도 없고, 역시 노사(老死)가 다하는 것도 없

18

고,

無苦集滅道,(무고집멸도)
고집멸도(苦集滅道)도 없고,

無智亦無得, 以無所得故.(무지역무득 이무소득고)
실제로 고정된 법이 없으므로 고정된 진여의 지혜가 없는 것이고, 역시 고정된 진여의 지혜가 없으므로 고정된 최고의 깨달음은 얻을 수 없는 것이다.

그러므로 진여의 지혜는 의식의 대상경계를 공(空)으로 관조(觀照)하는 진여의 지혜로 의식의 대상으로 얻을 수는 없는 것이다.(본성으로 살아가는 조사가 되는 법)

菩提薩埵, 依般若波羅蜜多故, 心無罣礙. 無罣礙故, 無有恐怖, 遠離顚倒夢想, 究竟涅槃.(보리살타 의반야바라밀다고 심무가애 무가애고 무유공포 원리전도몽상 구경열반)
보리살타는 반야의 지혜를 실천하여 육도윤회를 벗어나는 것에 의지하므로 마음에 장애받아 거리끼는 것이 없는 것이다. 마음에 장애받아 거리끼는 것이 없으므로 공포(恐怖)가 없게 되고, 전도몽상이 멀리 떠나게 되어 구경(究竟)에는 열반적정을 체득하는 것이다.

三世諸佛, 依般若波羅蜜多故, 得阿耨多羅三藐三菩提.
(삼세제불 의반야바라밀다고 득아뇩다라삼막삼보리)

삼세(三世)의 제불(諸佛)도 모두가 반야의 지혜를 실천하여 육도윤회를 벗어나는 것에 의지하였으므로 무상정각을 체득하게 된 것이다.

故知般若波羅蜜多, 是大神呪, 是大明呪, 是無上呪, 是無等等呪.(고지반야바라밀다 시대신주 시대명주 시무상주 시무등등주)

그러므로 반야의 지혜를 실천하여 육도윤회를 벗어나서 부처로 살아가게 하는 이것은 위대하고 신령스런 진실한 말씀이고, 위대한 지혜로 하는 진실한 말씀이며, 최고의 진실한 말씀으로, 부처의 진실한 말씀이 되는 것이라는 사실을 알아야 하는 것이다.

能除一切苦, 眞實不虛.(능제일체고 진실불허)

(그러므로) 능히 일체의 고액을 제거할 수 있는 진실한 말씀으로 진실로 허망한 것이 아니라는 사실을 알아야 하는 것이다.

故說, 般若波羅蜜多呪. 即說呪曰, 揭諦揭諦, 波羅揭諦, 波羅僧揭諦, 菩提娑婆訶.[3] (고설 반야바라밀다주 즉설주왈 아제아제 바라아제 바라승아제 모지사바하)[4]

그러므로 반야의 지혜를 실천하여 육도윤회를 벗어나는 진실한 말씀을 설하신 것이다. 즉 진실한 말씀으로 설하시기를 (반야의 지혜를 실천하여)출세(出世)[5]합시다. 출세하였습니다. 반야바라밀(반야의 지혜를 실천하여 육도윤회를 벗어나게)을 실천하여 출세(出世)하고 모두 다 같이 자신의 망념에서 출세(出世)하여 피안에서 살아갑시다. 구경에는 진여의 지혜를 체득하여 실천하며 살아가는 것이다.

---

3) 원측, 『佛說般若波羅蜜多心經贊』卷1(『大正藏』33, 551쪽. 하9.) : 「故說般若波羅蜜多呪即說呪曰揭諦揭諦波羅揭諦波羅僧揭諦菩提莎婆呵者 此即第二舉頌結歎 於中有二. 初長行標舉後以頌正歎, 然釋此頌諸說不同. 一曰此頌不可翻譯古來相傳. 此呪乃是西域正音祕密辭句, 翻即失驗故存梵語. 又解呪中說諸聖名或說鬼神, 或說諸法甚深奧義言含多義. 此方無言正當彼語故存梵音, 如薄伽梵. 一曰諸呪密可翻譯如言南無佛陀耶等. 釋此頌句判之為三. 初揭諦揭諦此云度度. 頌前長行般若二字. 此顯般若 有大功能 自度度他 故云度度. 次波羅等句即頌長行波羅蜜多. 此云彼岸到是即涅槃名彼岸也. 揭諦言度度到何處. 謂即彼岸是度之處. 故云, 波羅揭諦, 言波羅者翻名如上. 僧揭諦者, 此云到竟. 言菩提者, 是彼岸體. 後莎婆呵, 此云速疾, 謂由妙慧, 有勝功用, 即能速疾, 到菩提岸. 又解頌中有其四句, 分為二節. 初之二句, 約法歎勝, 後有二句, 就人歎勝. 就約法中, 先因後果. 重言揭諦, 此云勝勝, 因位般若, 具自他利, 二種勝用, 故云勝勝. 波羅揭諦, 言彼岸勝, 由般若故, 得涅槃勝岸, 故言彼岸勝, 就歎人中, 先因後果. 波羅僧揭諦, 此云彼岸僧勝. 此歎因位, 一乘菩薩, 求彼岸人. 菩提莎婆呵. 此云覺究竟. 此歎果位, 三身果人, 覺法已滿, 名覺究竟. 或可四句, 歎三寶勝. 初之二句, 如次應知, 歎行果法. 第三四句, 如次應知, 歎僧及佛矣.」 해석은 뒷편에 있음.

4) गते गते पारगते पारसंगते बोधिस्वाहा gate gate pāragate pārasaṃgate bodhisvāhā

5) 출세(出世) : 자신의 번뇌망념에서 벗어나는 것. 속세의 망념에서 벗어나는 것.

ᴦ(ga)ᴦ(te) ᴦ(ga)ᴦ(te) ᴩ(pā)ᴵ(ra)ᴦ(ga)ᴦ(te) ᴩ
(pā)ᴵ(ra)ᴥ(saṃ)ᴦ(ga)ᴦ(te) ᴥ(vo)(ᴥ(bo)) ᴥ(dhi)ᴥ
(svā)ᴥ(hā)

ᴦᴦ ᴦᴦ ᴩᴵᴦᴦ ᴩᴵᴥᴦᴦ ᴥᴥᴥᴥ

※ 여기에서 아제 아제 바라아제는 피안의 세계에 도달하자
는 의미와 도달하였다는 의미이다.

즉 수행자들은 모두 반야바라밀(반야의 지혜를 실천하여
육도윤회를 벗어나는 법)을 실천하여 피안의 경지에 도달하
고 도달하게 하자라는 자리(自利)이타(利他)가 포함되어 있
는 것이다.

※ 바라승아제는 모두가 수행하여 구경(究竟)에는 피안인
열반을 체득하자는 것과 체득하였다는 것이다.

이와 같이 반야바라밀(반야의 지혜를 실천하여 육도윤회를
벗어나는 법)을 실천하면 모두 깨달음의 경지에 도달하여
귀의하게 되는 것으로 사바세계에서 진여의 지혜를 실천하며
살아간다는 것이다.

※ 모지사바하는 구경의 깨달음을 체득하여 부처와 수행자
가 똑같게 되는 것이다.

범어로는 bodhisvāhā인데 bodhi와 svāhā로 구성된 것이

다. bodhi는 분명히 알다, 관조하다, 정통한 깨달음 등의 뜻이고, svāhā는 hail. may a blessing rest on! 등의 뜻으로 진여의 지혜를 체득하는 것이고, 또 환영하는 것이나 축복으로 쉬게 된다는 것의 뜻인데, 실천하며 살아가는 것이나 생활하는 것으로 번역을 하였다.

* 아제아제 바라아제 바라승아제 모지사바하(揭諦揭諦, 波羅揭諦, 波羅僧揭諦, 菩提娑婆訶)를 밀교적인 주문으로 이해하려고 하면 옴 자(字)와 같이 망념을 자각하게 하는 도구로 사용하는 법이다. 그리고 주문으로서의 기능을 활용하는 법은 주문(呪文)과 하나 되는 삼매(三昧)가 되어야 하는 것이다. 즉 자신이 말하는 것을 자신이 자각하는 것으로 망념을 쳐부수는 무기(武器)인 무(無)자(字)와 같은 것이다.

지금 자신이 주문을 염송하면 바로 최상의 정각을 염송하는 그곳에서 이루게 하려는 임제의 진인사상과도 연결 되는 것이다. 이것이 밀교적인 의미로 사용되는 주문인 것이다.

밀교적인 의미로 이해하여 풀지 않아도 되지만 풀어도 지혜와 진여의 지혜를 판단해야 하는 것이다. 삼학(三學)에 맞는 진여의 지혜와 공(空)이 되어야 하는데 현대에는 공(空)을 전자, 양자, 중성자, 미립자에서 구하려고 하는 것은 삼학(三學)이 빠져버린 논이고 철학이 되어 종교(宗敎)가 사라지는 원인이 된다.

종교(從敎)나 종교(踵敎, 種敎)에서는 가능한 소리이지만 불법(佛法)에서는 어긋나는 것이 된다. 삼학(三學)이 없는 불교(佛敎)는 종교(宗敎)를 상실(喪失)하게 되어 부처는 죽고 없게 되는 것이다.

여기에서 주문(呪文)이라고 하는 것은 부처의 진실한 말씀이고 아제아제는 망념에서 출세하자! 망념에서 해탈하여 출세(出世)하였네! 라고도 할 수 있다. 즉 모두가 망념의 속박에서 벗어나 무위진인(無位眞人)으로, 참사람으로, 양심 있는 사람으로 살아갑시다. 라고 자비를 베풀고 있는 것이다.

바라아제는 출세(出世)하여 피안에 도달한 것으로 진여의 지혜를 체득하여 자신의 망념에서 벗어나 출세(出世)하였다 라고 하고 있는 것이다.

바라승아제는 진여의 지혜를 체득하여 만법(萬法)의 망념에서 해탈하여 진여의 지혜로 살아갑시다. 라는 자비를 실천하는 양심 있는 사람으로 살아갑시다. 라고 서원하고 있는 것으로 모두 다 같이 출세(出世)하자는 자비와 출세하였다는 것이다.

모지사바하는 자신이 진여의 지혜를 체득하여 구경의 경지에서 불법(佛法)에 맞게 실천하며 살아가겠습니다. 라고 하는 서원이고 자비(慈悲)가 되는 것이다.

이것을 모르는 외도들은 진언, 주문이라는 말을 신비적인 절대자의 힘을 가져오는 방법이나 도구로 생각하여 많은 사람들을 현혹시키고 있는데 잘못된 것이다.

※ 출세(出世) : 출세(出世)에 대하여는 일반적으로 재물이나 명예를 얻는 것을 세간에서 출세한다고 하는 것이다.

출세(出世)라는 말은 불교의 용어로 자신이 번뇌망념의 속박에서 벗어나 진여의 지혜로 살아가는 것을 말하는 것이다. 출세(出世)라는 글자가 의미 하듯이 세간의 번뇌망념에서 벗어나 불법(佛法)에 맞게 살아가는 것을 말하는 것이다.

출가(出家)라는 말도 세간의 속박을 벗어나서 불법(佛法)을 깨달아 대장부(大丈夫)로 살아가기를 서원(誓願)하는 것이다.

1. 摩訶般若波羅蜜多心經(마하반야바라밀다심경)

위대한 반야의 지혜로 육도윤회를 벗어나서 불심(佛心)으로 살아가는 올바른 경전(길, 방법)

1) 마하(摩訶)

마하반야바라밀다심경에서 일반적으로 마하(摩訶)는 범어(梵語)이고 해석하면 광대한, 다수의, 다량의, 오랜, 대단한, 강력한, 훌륭한, 아주, 굳센, 대담한, 견고한, 철저한, 설득력 있는 등의 뜻으로 다음에 나오는 반야(般若)를 수식하는 것으로 반야가 위대하다, 훌륭하다, 광대하다는 등으로 해석할 수 있는 것이다.

그렇지만 마하(摩訶)라는 말은 후대에 첨가한 것으로 불설(佛說)이라고도 한다.

왜냐하면 마하(摩訶) 다음에 나오는 것이 지혜이기 때문이다. 일반적인 지혜가 아니고 반야의 지혜이기 때문에 의심을 하기도 하고 자만을 하기도 하기에 지혜의 중요성을 강조하기 위하여 첨가한 것으로 보인다.

혜충국사의 『般若心經三注』(『卍續藏』 26, 797쪽. 상11.)
에 의하면 摩訶般若波羅蜜多心經(마하반야바라밀다심경)
을 다음과 같이 설하고 있다.

忠云, 將釋經題, 都有五句, 以明衆生本心.
第一, 摩訶是梵語, 此翻為大. 為破凡夫, 妄執塵境. 心著世
間, 故為隔礙, 名之為小欲. 令衆生攝 諸妄念, 不染世間, 悟心
境空洞然, 含受十方世界. 故名摩訶也.[6]

혜충국사(?-775)께서 말하기를, 경전의 제목(摩訶 般若
波羅 蜜多 心經)을 해석하면 모두가 다섯 구절이 되는데
이것은 중생의 본심(本心)을 밝히게 하기 위한 것이다.
첫째로 마하(摩訶)는 범어(梵語)로 이것을 번역하면 위대
하다고 하는 것이다. 범부들이 진경(塵境, 六境)에 대한 망집
(妄執)을 타파하게 하는 것이다.
마음속에 세간(망념)에 대한 집착이 있으면 장애가 되므로
이것을 이름 하여 소욕(小欲)이라고 하는 것이다. 중생들이
모든 망념을 섭수하여도 세간(世間)에 오염되지 않으면 마음
과 경계가 공(空)이라고 통연(洞然)하게 깨닫게 되어 시방세
계를 함장(含藏)하게 되는 것이다. 그러므로 마하(摩訶)라고
하는 것이다.

---

6) 『般若心經三注』(『卍續藏』 26, 797쪽. 상12.)

그리고 大宋國 沙門 道隆蘭溪 述, 『般若心經注』卷1(『卍續藏』 26, 802쪽. 상6.)에 마하(摩訶)에 대하여 다음과 같이 설하고 있다.

摩訶者梵語, 此日大, 諸佛衆生, 平等之自性也. 日月不能照, 虛空無容. 亘十方無涯際徹 三世無際限欲知 此可盡已小心 小心者, 妄想識情. 又有無取捨, 空不空 生佛, 迷悟等二致也. 若無小心, 即大心也. 在眼日見, 在耳日聞. 小心衆生, 漆桶不會, 可憐生向外求. 咄! 眉毛本在眼上.

마하(摩訶)는 범어(梵語)이고 크다는 뜻으로 제불(諸佛)과 중생(衆生)이 평등한 자성(自性)을 가지고 있다고 하는 것이다. 즉 일월(日月, 지혜)은 능히 허공과 같은 형상이 없는 것을 비출 수 없는 것이다.

시방세계를 펼쳐서 끝이 없는 것을 철저하게 통달하고 삼세(三世)의 한없는 욕망을 깨달아도 이것은 소심(小心, 중생심, 지식)으로 없어지는 소심(小心)인 것이고, 소심(小心)이라는 것은 망상(妄想)을 가진 중생심인 것이다.

또 유무(有無)와 취사(取捨)에서 공(空)과 불공(不空)으로 부처가 태어나도 미혹과 깨달음의 등급은 다른 것(二致)이다.

만약에 소심(小心, 중생심)만 없으면 곧 바로 대심(大心, 보리심)인 것이다. 눈에 있으면 본다고 하고 귀에 있으면 듣는다고 한다.

소심(小心)의 중생은 칠통(漆桶)으로 깨닫지 못하여 가련

하게도 향외치구(向外馳求)하는 것이다. 돌! 눈썹은 본래
눈 위에 있는 것이다.

　이상에서 보았듯이 마하(摩訶)라고 하는 것은 누구라도
깨달으면 시방세계를 함장하는 것이기에 크다고 하고 위대하
다고 하는 것이다.
　무엇을 깨닫는가에 대해서는 다음에 나오는 반야를 깨달아
야 위대하다고 하는 것이다.
　반야는 우리가 지혜라고 하는데 지혜에 대하여 다음과
같이 설하고 있다.

2) 반야(般若)

반야(般若)는 범어(梵語)이고 번역하면 지혜가 있는, 정확히 알고 있는, 분명히 알고 이해하다 라는 뜻으로 우리말로는 지혜라고 말하는데 반야의 지혜, 진여의 지혜라고 풀이 하는 것이 이해하는데 쉬울 것이다. 불법(佛法)에 맞는 진여의 지혜로 삼학(三學, 계정혜)의 지혜를 뜻하는 것이다.

여기에서 계율(戒律)이라는 것은 유상계(有相戒)로 수행하는 것이 어긋난다는 것을 말하는 것이 아니고, 무상계(無相戒)로 수행하여야 바라밀다가 되어 오온(五蘊)이 공(空)하게 되고 일체의 고액(苦厄)을 벗어나서 불심(佛心)으로 살아가게 되는 것이다.

* 요즘은 이 지혜를 슬기나 특수한 기술, 특별한 지식으로 알기도 하고, 특수한 자만 아는 신묘한 마술(魔術)이나 신통으로 알고 있는데 이것은 자유와 평등을 추구하는 불교와는 다른 것이다.

어느 특수한 기술이나 지식을 불교(佛敎)라고 하면 지혜의 불교, 반야의 지혜라는 말을 할 필요가 없는 것이다.

왜냐하면 문수보살이 부처의 어머니라는 말을 지식의 불교로 바꾸어야 하고 비밀한 기술을 가진 이가 부처가 되는 물질만능의 이기적이고 개인적인 삶을 사는 사람이 부처가 되고, 권력이나 명예와 물질을 최고로 여기고 살아가는 세계를 모두가 신망(信望)하게 되는 것이다.

이것의 부작용은 살인과 도둑질, 거짓말과 사기꾼들이 들

끓는 세상이 될 것이고 정신이 피폐해지고 기계나 물질을 가진 이를 숭상하게 되어 결국은 자신을 망치고 사회도 망치는 결과를 초래하게 되는 것이다.

그렇지만 부처의 지혜는 자신이 불법(佛法)에 맞게 해야만 하는 것이기에 위대하고 훌륭하다는 것이다. 타인이 하는 것을 가져와서 녹음기처럼 지식으로 하는 것을 말하는 것이 아닌 자신의 살림살이가 청정하게 되어야 하는 것이다.

그러므로 이 반야심경에서 말하고 있는 지혜는 오온(五蘊)이 공(空)이라고 자각하는 지혜이며 오온(五蘊)이 공(空)이라는 지혜(智慧)는 자신의 망념(妄念)을 불법(佛法)에 맞게 관조(觀照)하는 것을 말하는 것으로 자신이 돈오(頓悟)하여 확인하는 것을 말하는 것이다.

그러므로 관자재보살이 반야바라밀다를 깊게 아주 잘 행한다고 첫머리에 설하고 있는 것이다.

간혹 어떤 사람들은 절대 유일의 전지전능한 지혜를 추구하니까 『전유경』에 비유했던 자신의 독화살도 빼지 못하는 어리석음을 범하는 경우가 있는 것이다.

전지전능한 부처는 일단 접어두고 자신의 부처를 만들어야 전지전능한 부처를 만들 수 있는 것이지 자신의 부처는 만들지 않고 남의 부처만 따라다니면 신앙의 종교(種敎, 從敎, 踵敎)에서 벗어나지 못하게 되는 것이다.

이 처럼 지혜는 자신이 행(行)해야 하는 것을 말하는 것이고, 자신이 행(行)하는 것을 설명하는 것이며, 자신이 행(行)하면서 자신이 아는 것을 말하는 것이다. 자신이 행(行)하면서 자신이 불법(佛法)에 맞게 확인하여 아는 것을 불교(佛敎)에서는 진여의 지혜라고 하는 것이다.

진여의 지혜를 문수보살이라고 하는 이유는 부처의 어머니이기 때문이고 부처의 어머니라는 말은 초발심을 하는 어린 부처를 생산하는 것이기에 문수보살을 문수동자라고도 하고 아기 부처라고 말하는 것이다.

보현보살은 자신이 진여의 지혜로 생활하는 사람을 말하는 것으로 진여의 지혜로 생활하는 사람을 십주(十住)의 초발심으로 정각을 이룬 부처라고 하는 것이다.

즉 문수보살에 의하여 부처가 태어나서 보현보살에 의하여 부처로 생활하여야 진정한 석가여래가 되어 살아가게 되는 것이다.[7]

반야심경 260자에는 어떻게 반야의 지혜로 바라밀다하여 피안에서 살아가는 방법을 제시하고 있는 것이다.

부처는 천상천하유아독존(天上天下唯我獨尊)이라는 말을 사용하는데 이것은 이 세상에 존재하는 모든 사람들이 자신의 부처로서 최고의 존귀한 존재로 살아가라는 말이다.

이것을 유지하기 위하여 과거의 해묵은 계율이 아닌 우리 민족의 양심인 무상계(無相戒)를 다시 복구하여 홍익인간의 정신으로 살아가기를 바라는 것이다.

자신을 존중할 줄 알아야 타인을 존중하게 되는 것이지

---

7) 是故一切諸佛, 從此信生, 故號文殊為十方諸佛之母. 亦號文殊為童子菩薩, 為皆以信為初生故. 信心成就, 即以定慧觀智力印之. 相契一念相應, 名十住初心便成正覺. 取能行處, 號曰普賢. (『대정장』36, 768. 중.)

자신도 존중할 줄 모르면서 타인을 존중한다는 것은 맞지 않다. 즉 지식을 활용하는 청정한 지혜를 구족해야 한다.

속법(續法)의 浙水慈雲寺顯密敎觀沙門續法述, 『般若波羅蜜多心經事觀解』卷上 (『卍續藏』26, 893쪽. 중12.) 에 의하면,

梵語般若, 此云智慧. 智, 決斷義, 妙證眞源. 但唯決定, 朗然獨照, 故般也. 慧, 揀擇義, 明了諸法, 必須揀擇, 修行斷惑. 故若也. 略開三種, 一實相, 所觀眞空法性也. 二觀照, 能觀本覺妙慧也. 三文字, 詮上二者言敎也.

범어(梵語)로는 반야(般若)이고 이곳에서는 지혜(智慧)라고 한다. 지(智)는 결단하는 뜻으로 진여(眞如)의 근원을 신묘하게 증득하여 단지 결정하더라도 자신이 관조하여야 하는 것이기 때문에 반(般)이라고 한다.

혜(慧)는 간택(揀擇)하는 뜻으로 제법(諸法)을 분명하게 요달하여서 반드시 간택하는 것이고 수행하여 의혹을 단절하는 것이므로 야(若)라고 한다.

요약하면 3가지 종류가 있는데, 첫째는 실상(實相)반야로 실상을 대상으로 관조하는 것으로 법성(法性)이 진공(眞空)인 반야의 지혜를 말하는 것이다. 두 번째는 관조반야로 관조하는 것은 능히 법성(法性)으로 자신이 깨달아 관조하는 진여의 지혜를 말하는 것이다. 세 번째는 문자(文字)반야를

말하는 것으로 언어문자로 앞의 두 가지를 설명(法性의 智慧)
하는 언어문자긍정의 지혜를 말하는 것이다.

혜충국사의 『三註般若波羅蜜多心經』(『卍續藏』26, 797
쪽. 상16.)에는 다음과 같이 설하고 있다.

第二, 般若是梵語, 此名智慧. 爲破凡夫, 背心取境, 堅執我
見. 墮在愚癡, 欲令衆生, 背境觀心, 本來無我. 故名般若.

둘째로는 반야(般若)로 범어(梵語)이고 이것을 번역하면
지혜(智慧)이다. 범부들이 마음(佛心)을 위배하고 대상경계
를 취하여, 아견(我見)으로 견고하게 집착하는 것을 타파하게
하는 것이다.
우치(愚癡)로 타락(墮落)한 중생이라도 대상경계를 위배하
여 마음(佛心)으로 관조하여 보면 본래는 무아(無我)라는
것을 자각(自覺)하게 되는 것이다. 그러므로 반야라고 한다.

＊ 여기에서도 자신이 본래 무아(無我)라고 하고 있는 것도
오온이 공(空)이라는 무아(無我)를 말하고 있는 것이다.

그리고 또 『三註般若波羅蜜多心經』(『卍續藏』 26, 797쪽. 중6.)에서 자수선사회심(1077-1132, 혜림, 혜심)께서는 다음과 같이 설하고 있다.

深云, 梵語摩訶 此云廣大. 梵語波羅蜜多 此云到彼岸 況般若者 乃智空之妙慧.[8] 波羅蜜多是出世之真修 包含萬像而無體, 眾生日用而不知. 雖欲真修 而不可得也. 真修非漸修也. 令一切眾生 悟真空妙慧 不從人得 言下成佛 皆由般若 而得度也. 大般若經 總六百卷 文多義廣 攝樞要於 此經故曰心經.

자수선사회심(1077-1132, 혜림혜심)께서 말씀하시기를, 범어로 마하는 광대하다는 뜻이다.

범어로 바라밀다는 피안에 도달한다는 뜻이다. 비유로 설명하면(況) 반야는 이내(乃) 지(智, 智略, 지식)로 공(空)이 되는 현묘한 혜(慧, 분명하게 자각)의 생활을 깨달아 아는 것이다. ＊ 지식을 지혜로 돈오(頓悟)

바라밀다는 출세(出世)하는 진실한 수행으로 삼라만상을 포함하는 것이나 본체가 없는 것이어서 중생들이 매일 사용하지만 알지 못하고 있는 것이다. 비록 진실한 수행을 하여도 얻을 수는 없는 것이다. 진실한 수행은 점차적인 수행이 아니다.

일체중생이 진공(眞空)의 현묘한 지혜를 깨달아 사람을

---

8) 註般若波羅蜜多心經 中天竺國沙門釋提婆 註(并序)『般若心經註』卷1(『卍續藏』 26, 720쪽. 중4.) : 「云何為智慧, 智能觀照, 慧能證悟.」

따라서 얻으려고 하지 않으면 언하(言下)에 성불(成佛)하게
되어 모든 것이 반야로 되어서 깨닫게 되는 것이다.

대반야경은 모두가 600권으로 문장이 다양하고 뜻이 광대
하여 그 근본적인 요점(樞要)만 취한 것(攝)이 이 경(經)으로
반야심경(心經)이라고 한다.

* 여기에서 반야의 지혜는 공(空)에 의하여 불공(不空)의
생활을 하라고 설하고 있는 것이다.

中天竺國沙門釋提婆註(并序), 『註般若波羅蜜多心經』(『卍
續藏』26, 720쪽. 중2.)에 의하면 반야바라밀다심경을 다음과
같이 설하고 있다.

所言般若波羅蜜多者, 即是梵音. 此地翻, 般若為智慧, 波
羅蜜為彼岸, 蜜多言支, 都合即云, 智慧彼岸支. 云何為智慧,
智能觀照, 慧能證悟. 彼岸者, 涅槃為彼岸, 生死為此岸, 悟者
即涅槃, 迷者即生死, 支者此觀門也. 若無正觀要門, 不知究
竟, 安心之處. 是故依行, 合於正道, 故言支也. 心者, 此觀門
即是, 眾智慧之要宗, 趣涅槃城之真路. 經者, 訓常訓逕, 先聖
莫不遊從, 因是果圓解脫, 故言經也.

반야바라밀다는 곧 범어이다. 이것을 여기 말로 번역하면
반야는 지혜라고 하는 것이고 바라밀은 피안이고 밀다는
차안(此岸, 支, 도달)이니 이것을 모두 합하면 지혜로 차안에

서 피안(彼岸)에 도달하는 것이다.

무엇을 지혜라고 하는가하면 지(智)는 능히 관조(觀照)하는 것을 말하고, 혜(慧)는 능히 증오(證悟, 깨달아 증득, 관조하는 것을 자신이 자각)하는 것을 말한다.

＊ (설명하면 관조(觀照)하는 것은 공(空)으로 관조하는 것이고 혜(慧)는 관조(觀照)하여 정확하게 자신이 불법(佛法)에 맞게 아는 것을 증득한다고 설하고 있는 것이다. 탐진치를 계정혜로 … .)

피안은 열반(涅槃)을 피안(彼岸)이라고 하고 생사(生死, 번뇌망념이 생기고 사라지는 것)를 차안(此岸)이라고 하는 것으로 깨달은 이는 즉 열반을 증득한 것이고 미혹한 이는 망념의 생사(生死)를 벗어나지 못한 것이고, 도달하는 것(支, 도달)이 이 관문(關門)이다.

만약에 올바른 지혜의 관점(正關)을 가진 가장 중요한 지혜로운 생활(要門)을 하지 못하면 구경(究竟)의 안심(安心, 극락)을 모르게 되는 것이다.

그러므로 지혜로운 생활을 행(行)하는 것이 정도(正道)와 계합해야 하는 것을 피안에 도달한다고 하는 것이다.

심(心)이란 이 관문(關門)이 바로 이것이고, 모든 지혜의 긴요한 종지(宗旨)이니 열반성에 도달하게 하는 진실한 방법(路)이다.

경(經)이란 항상 본보기로 지름길로 가게 가르치는 것(訓)이고, 선성(先聖)들께서 행한 행적을 따라 유유자적하지 못하게 하는 것이고(先聖莫不遊從), 인위(因位, 보살위)가 과위

(果位, 진여의 지혜로운 생활)에 원만(圓滿)하게 작용하여 해탈하게 하는 것을 경(經)이라고 말하는 것이다.

　＊ (선성의 행적을 똑같이 따라하지 말라는 것은 자신이 독자적인 성자가 되라는 말이다. 모방을 벗어나서 자신이 부처가 되라는 자비심이다.)

3) 바라(波羅)

바라(波羅)에 대하여 알아보면 바라(波羅)는 피안에 도달한다는 뜻으로 자신이 불법(佛法)에 맞게 진여의 지혜로 생활하게 되면 피안의 세계인 극락국토에서 자유자재하게 생활한다는 것을 말하고 있는 것이다.

대전께서는 바라(波羅)를 大顚祖師註解, 『般若心經註解』(『卍續藏』26, 949쪽. 상5.)에서 다음과 같이 설하고 있다.

波羅者, 到彼岸也. 經云, 渡河須用筏, 到岸不須船.[9] 若一人, 發真歸源, 窮理盡性, 親見本來面目, 頓悟無生, 便登彼岸. 一得永得, 一悟永悟, 更不復生, 輪迴永息, 生死永斷. 作一箇, 物外閑人, 任性逍遙, 寂然快樂.

바라(波羅)[10]라는 것은 피안(彼岸)[11]에 도달하는 것을 말

---

[9] 『梁朝傳大士頌金剛經』卷1(『대정장』85, 3쪽. 상6.) : 「彌勒頌曰, 渡河須用筏, 到岸不須船. 人法知無我, 悟理詎勞筌. 中流仍被溺, 誰論在二邊. 有無如取一, 即被汚心田.」
『護法論』卷1(『대정장』52, 644쪽. 중20.) : 「渡河須用筏, 到岸不須船也.」
『金剛經宗通』卷2(『卍續藏』25, 8쪽. 중17.) : 「傅大士頌曰, 渡河須用筏, 到岸不須船. 人法知無我, 悟理詎勞筌. 中流仍被溺, 誰論在二邊. 有無如取一, 即被汙心田.」

[10] 바라(波羅) : 바라(波羅)는 반야바라밀다(般若波羅蜜多), 반야바라밀로서 지식이 아닌 지혜로 오온이 모두 공(空)임을 자각하여 일체의 고액(苦厄)을 지금 바로 뛰어넘어서 피안(彼岸)에 도달하는 것이다. 그러므로 지금 반야의 지혜로 살아가게 하는 것을 바라(波羅)라고 하는 것이다.

[11] 피안(彼岸) : 피안은 이 언덕에서 저 언덕에 도달하는 것을 말하는 것이다. 즉 망념의 지식에서 반야의 지혜로 살아가는 것을 말한다. 공(空)으로 일체의 고액(苦厄)에서 벗어나 불공(不空)의 생활을 하는 것이다.

하는 것이다. 경(經)에 말하기를 강을 건너고자할 때는 반드시 배가 필요하지만 피안(彼岸)에 도달하면 배는 필요없게 되는 것이라고 했다.

만약에 한 사람(一人, 본래인)이 자기의 진성(眞性)12)을 드러내어(發眞) 근원으로 돌아가서 진성(眞性)을 궁리(窮理)하여 다하게 되면 본래면목을 친견하게 되어 무생(無生)13)의 도리를 깨달아서(頓悟)14) 바로 피안(彼岸)에 오르게 되는 것이다.

한 번 체득하면 영원히 체득하게 되고 한 번 깨달으면 영원히 깨닫게 되어 다시는 망념이 생기지 않게 되고 망념(妄念)의 윤회(輪廻)를 영원히 쉬게 되니 망념(妄念)의 생사(生死)15)는 영원히 단절되는 것이다.

일개성자가 되어 물외한인(物外閒人)16)으로서 진성(眞性)에 따라(任性) 소요(逍遙)자재(自在)하니 열반적정의 극락(快樂)이 되는 것이다.

---

12) 진성(眞性) : 본성(本性), 불성(佛性), 자성(自性), 법성(法性), 진여(眞如)라고 하는 것으로 법(法)의 본성(本性)이 법계와 하나 된 것을 성(性)이라고 한다.
13) 무생(無生) : 不生不滅의 경지인 空의 세계. 하나의 번뇌 망념도 일어나지 않은 본래 청정한 것으로 미혹의 생멸(生滅)을 초월한 것,
14) 돈오(頓悟) : 망념(妄念)을 자각하는 것. 즉 오온(五蘊)의 망념(妄念)이 공(空)이라는 사실을 자각하는 것.
15) 생사(生死) : 육신의 생사(生死)가 아닌 자신의 마음에서 번뇌망념이 생멸하는 것을 생사(生死)라고 하는 것이다. 세속에서 말하듯이 우리가 마음이 편하게 되면 육신도 편해지는 것은 사실이지만 육신을 영원불멸하게 하려는 것은 아니다. 종교는 마음을 수행하는 것이고 마음이 공(空)이 되게 하여 성자로서 인생을 극락세계에서 항상 살아가게 하는 것이다.
16) 물외한인(物外閒人) : 망념(妄念)의 중생심을 벗어나서 무생(無生)의 도리를 체득하여 살아가는 사람.

혜충국사는『三註般若波羅蜜多心經』(『卍續藏』26, 797
쪽. 상18.)에서 바라(波羅)를 다음과 같이 설하고 있다.

第三, 波羅是梵語, 此云淸淨. 爲破凡夫, 不悟自心, 認六根
覺, 唯覽六塵, 隨塵雜亂, 墮於不淨. 欲令衆生 背境合覺 覺本
淸淨. 故名波羅也.

셋째로 바라(波羅)는 범어인데 이것을 번역하면 청정(淸
淨)이다. 범부들이 자신의 마음을 깨닫지 못하고 육근(六根)
으로 깨달아 인식(認識)하면 오로지 육진(六塵)을 살펴보게
(覽) 되어 육진에 따라(隨) 혼란하게 되고 부정한 것에 타락하
게 되는 것을 타파하고자 하는 것이다.

중생들이 대상경계를 위배하고 깨달음과 계합하면 본래
청정하다는 것을 깨닫게 된다. 그러므로 '바라(波羅)'라고
하는 것이다.

※ 바라(波羅)라고 하는 것은 도달한다고 하기도 하고 뛰어
넘는다고 말하기도 하는데 피안에 도달하는 방법을 청정해야
한다고 설하고 있는 것이다.

진여의 지혜와 계합하는 것을 바라(波羅)라고 하는 것이다.
왜냐하면 세간의 망념을 초월하여 피안의 세계에 도달하게
하는 것을 바라(波羅)라고 하는 것이므로 진여의 지혜와 계합
한다고 하는 것이다.

그러므로 마하반야로 밀다(蜜多, 세간, 탐진치)를 초월하

여 피안의 세계로 가는 심경(心經)인 것이다.

4) 밀다(蜜多)

밀다(蜜多)에 대하여 알아보면 밀다(蜜多)는 만법(萬法)이나 일체법을 말하는 것으로 중생들이 이것을 탐착하기 때문에 탐진치(貪瞋癡)를 계정혜(戒定慧)로 전환하여 살아가게 하려고 설한 것이다.

진여의 지혜로써 차안에서 피안의 세계로 전환하는 법을 설해놓은 것이 이 경이다. 여기에서 밀다(蜜多)에 대하여 설명해놓은 것을 보면 다음과 같다.

大顚祖師註解, 『般若心經註解』(『卍續藏』26, 949쪽. 상 9.)에 의하면 밀다(蜜多)를 다음과 같이 설했다.

密之一字, 喩於太虛, 能包萬法, 太虛之中. 森羅萬象, 情與無情, 總在太虛之內.

밀(密)[17]이라는 이 한 자(字)는 비유하면 태허(太虛, 虛空)가 능히 만법(萬法)[18]을 포용하니 태허(太虛)중에 있는 것이다. 삼라만상(森羅萬象), 정(情)과 무정(無情)이 모두 태허(太虛)의 안에 있는 것이다.

라고 하고 있으며, 또 혜충국사께서는 다음과 같이 설하고 있다.

第四, 蜜多是梵語, 亦名和多, 此云諸法. 爲破凡夫, 妄心求法. 執著名相, 差別不同, 欲令反照自心, 本含萬法, 和合無二, 本來具足, 爲所欠少. 故名蜜多也.[19]

넷째는 밀다(蜜多)로 범어이고 역시 화다(和多)라고 하고

---

17) 밀(蜜) : 밀(蜜)은 진여와 계합하는 것이다. 즉 일행삼매가 되는 것이다. 밀다(蜜多)는 제법(諸法)이 공(空)과 궁극적으로 같게 되어지는 것이다.
18) 만법(萬法): 만법(萬法), 제법(諸法)이라고 하는 불법(佛法)은 인연법이나 연기법으로 이루어진 것으로 인(因)과 연(緣)의 결합물이다. 인연법을 깨닫는 주체인 자신의 마음에 나타난 의식을 자각하고 인식하는 것을 만법이라고 한다. 자신이 인식하는 만법(萬法; 森羅萬象, 情과 無情)이 무아(無我)이어야 하고 무생(無生)이 되어야 만법일여(萬法一如)의 경지가 되는 것이다. 밀(蜜)에서는 만법(萬法)이 궁극적으로 태허(太虛)와 화합해야 한다고 대전은 말하고 있는 것이다.
19) 『三註般若波羅蜜多心經』(『卍續藏』 26, 797쪽. 상21.)

이것을 번역하면 제법(諸法)이다. 범부들이 망심(妄心)으로 법(法)을 구하는 것을 없애기 위한 것이다.

명상(名相)에 집착하면 차별하게 되어 동등하지 않게 되고 자기의 마음을 회광반조하여 보면 근본적으로 만법(萬法)을 함장하고 있으므로 화합하게 되어 둘이 없고 본래부터 구족한 것이니 어느 것이 부족하겠는가? 그러므로 밀다(蜜多)라고 하는 것이다.

5) 심경(心經)

심경(心經)은 불심(佛心)으로 살아가는 올바른 방법을 말하는 것으로 대도(大道)라고 하기도 하고, 또 진여의 지혜로 불법(佛法)에 맞게 살아가는 법을 설해 놓은 것을 경(經)이라고 하는 것이다. 즉 부처로서 정각을 설한 것이고 또 하나는 중생을 위하여 부처로서 설한 것을 경(經)이라고 한 것이다.

대전께서는 심경(心經)을 다음과 같이 설하고 있다.

萬法是心之異名, 分為八萬四千, 廣則無窮無盡. 心生種種法生, 心滅種種法滅.[20] 這一箇字, 人人盡有, 不能自見, 說亦不信. 喚作一字法門, 衆生不信, 是心是佛. 佛有多動方便, 指衆生見自本性. 青青翠竹, 盡是真如, 須是親見真如, 鬱鬱黃華, 無非般若,[21] 須是親見般若. 夾山道, 道無乎不在. 又道, 見色便見心, 衆生只見色, 不見心. 若能窮究, 步步行行, 念玆在玆, 桫(挱)著合著,[22] 忽然親見, 名曰見性. 此性不可

---

20) 『鎮州臨濟慧照禪師語錄』卷1(『대정장』47, 502쪽. 중8.): 「心生種種法生, 心滅種種法滅.」
21) 『景德傳燈錄』卷6(『대정장』51, 247쪽. 하13.): 「馬鳴祖師云, 所言法者, 謂衆生心. 若心生故, 一切法生. 若心無生, 法無從生, 亦無名字. 迷人不知, 法身無象, 應物現形. 遂喚青青翠竹, 總是法身, 鬱鬱黃華, 無非般若.」
   『大慧普覺禪師語錄』卷15(『대정장』47, 875쪽. 상3.): 「僧問忠國師. 古德云, 青青翠竹, 盡是法身, 鬱鬱黃華, 無非般若.」
22) 『金剛經心印疏』卷1(『卍續藏』25, 833쪽. 중15.): 「念玆在玆, 觸著磕著.」
   朿𣎴 자는 桫(挱)로 추정됨

46

以智知, 不可以識識, 須是左顧右盼, 回頭轉惱,＊ 處處逢渠.
渠今正是我, 我今不是渠. 若能如是會, 方得契如如. 此性,
無形無相, 於不見之上親見, 於親見之上不見. 離種種相, 見
自本性, 是名玅道.

　經是眾生脩行之徑路. 此經, 人人本有, 亘古亘今,[23] 只為
眾生不悟, 所以信之不及.[24] ＊ 惱疑腦

　심(心)에서 만법(萬法)은 마음(心)의 다른 명칭이니 분별하
면 팔만사천번뇌가 되므로, 광대하게 되어 무궁무진(無窮無
盡)한 것이다. 망심(妄心)이 생기면 온갖 망념의 법이 생기는
것이고, 망심(妄心)이 사라지면 온갖 법은 소멸되는 것이다.
　이 한 글자(心)는 사람마다 있는 것이지만 능히 자신이
친견하지 못하니 설(說)하여도 역시 믿지 않는 것이다.
　이 일자(一字)법문(法門)을 소리쳐서 말하여도 중생들은
이 마음의 생활이 바로 부처라는 것을 믿지 않는다.
　그리하여 부처는 다양한 살아 있는 방편으로 중생들에게

---

23) 『圓悟佛果禪師語錄』卷6(『대정장』47, 740쪽. 상16.): 「若也人人, 恁麼返照,
　　則亘古亘今, 凝然寂照.」
　　『景德傳燈錄』卷26(『대정장』51, 425쪽. 상29.): 「乃至諸佛國土, 天上人間, 總
　　皆如是, 亘古亘今, 常無變異.」
　　『圓悟佛果禪師語錄』卷14(『대정장』47, 779쪽. 상16.) 「達磨西來, 不立文字語
　　句, 唯直指人心. 若論直指, 只人人本有, 無明殼子裏, 全體應現, 與從上諸聖,
　　不移易一絲毫許. 所謂天真自性, 本淨妙明, 含吐十方, 獨脫根塵, 一片田地, 唯離
　　念絕情, 迥超常格, 大根大智, 以本分力量, 直下就自己根, 脚下承當.」
　　『大慧普覺禪師語錄』卷18(『대정장』47, 887쪽. 상10.): 「這一段事, 人人本有,
　　各各天真. 只為無始時來, 無明業識所覆, 所以不能現前. 却去外頭, 別覓家舍,
　　尋常室中問兄弟, 不是心, 不是佛, 不是物, 是甚麼. 未問時, 幸自在家裏坐.」
24) 大顛祖師註解, 『般若心經註解』卷1 (『卍續藏』26, 949쪽. 상10.)

자신의 본성을 친견하게 지시(指示)하신 것이다.

즉 푸르고 푸른 취죽(翠竹)이 모두가 진여(眞如)이니 반드시 이 진여(眞如)를 친견해야 하고, 빽빽하게 피어난 노란 국화가 반야(般若, 지혜)아님이 없으니 반드시 이 반야를 친견해야 하는 것이라고 하신 것이다.

협산(夾山)이 말하기를 도(道)는 존재하지 않는 곳이 없는 것이다. 또 말하기를 색(色)을 보는 것이 바로 불심(佛心)으로 친견하는 것인데 중생들은 단지 차별의 색(色)으로만 보고 불심(佛心)으로 친견(親見)하려 하지 않는다.

만약에 능히 궁구하여 걸음걸이 마다 행하여 나아가며 이것(玆)을 생각하고 이것을 살피면 돌이 부딪치는 소리에도 계합하게 되어 홀연히 친견하게 되는데 이것을 이름 하여 견성(見性)이라고 하는 것이다.

이 진성(眞性)은 지식으로 알 수 있는 것도 아니고 분별하여 알 수 있는 것이 아니지만 반드시 좌우를 둘러보고 머리를 돌려 마음을 전환하면 처처에서 그를(渠, 진인) 상봉하게 되는 것이다. 그(본래인)가 지금 바로 나이지만 나는 지금 바로 그(본래인)가 아닌 것이다.

만약에 능히 이와 같이 여시(如是)하게 깨달으면 비로소 여여(如如)하게 계합하여 체득하게 되는 것이다.

이 진성(眞性)은 무형(無形)이고 무상(無相)이어서 본다는 의식의 대상이 없어야 친견하는 것이고 친견한다는 의식이 있으면 친견하지 못하는 것이다.

온갖 상(相)을 초월하여야 자기의 본성(本性)을 친견하는 것이므로 이것을 이름 하여 현묘한 지혜(妙道)라고 하는 것이다.

경(經)에서 경(經)은 중생들이 수행하는 첩경(捷徑)으로 방법이다. 이 경(經)은 사람마다 각각 본래부터 예나 지금이나 항상 구족하고 있지만 단지 중생들이 (佛性을) 깨닫지 못하므로 인하여 확신하여 (부처의 경지에) 도달하지 못하는 것이다.

라고 하고 있으며, 혜충국사께서는 다음과 같이 설하고 있다.

第五, 心經是梵語, 此名大道. 為破凡夫, 不識本心. 唯覺多聞, 分別名相, 心隨境轉, 輪迴六道, 墮於邪見. 欲令眾生, 反照心源, 本來空寂, 實無少法可得, 無所分別, 即皈大道. 故名為心經.

已上 經題本意, 只令自悟心源. 廣大智慧, 清淨和合無二本來具足, 無所分別也.[25]

다섯째는 심경으로 범어이니 이것을 번역하면 대도(大道)라고 한다. 범부들이 본심(本心)을 깨닫지 못하는 것을 없애기 위한 것이다.

오로지 다문(多聞, 많이 듣는 것)으로 깨닫고자 하여 명상(名相)으로 분별하니 마음이 대상경계에 따라 움직이게 되어

---

25) 『三註般若波羅蜜多心經』(『卍續藏』 26, 797쪽. 상24.)

육도에서 윤회하여 사견(私見)에 떨어지게 되는 것이다.

중생들이 마음의 근원을 반조(返照)하게 되면 본래 공적하다는 것을 깨닫게 되니 실제로는 조금의 법도 없다는 것을 체득하게 되어 대상으로 분별할 것이 없는 것을 곧바로 대도(大道)로 돌아가게(皈) 되는 것이라고 하는 것이다. 그러므로 심경이라고 하는 것이다.

이상이 심경(心經)의 제목인 마하반야바라밀다심경의 본래의 뜻인데 단지 자신이 불심(佛心)의 근원을 깨닫게 하기 위한 것이다. 이것은 광대한 지혜는 청정하게 화합하는 것으로 차별이 없는 본래부터 구족되어 있는 무분별지(大道)를 체득하게 하고자 하는 것이다.

* 진여의 지혜로 육도윤회를 벗어나 피안의 세계에서 살아가는 법을 설한 경으로 자신의 차별 없는 지혜를 체득하여 중생을 구제하는데 자신의 중생과 모든 중생을 위한다고 하면 자신을 나타내기 때문에 사상(四相)에 위배되고 몰종적의 조사(祖師)가 되어야 자신도 위반하지 않고 살아가게 되는 것이다.

즉 하나는 자신이 정각을 이루는 것이고 하나는 보살도를 실천하게 하는 것을 말한 것이다.

그러면 본문인 관자재보살이 사리불을 제도하는 대화를 부처님이 증명하는 방법으로 묘사한 이 경은 신앙의 측면과 종교(宗敎)의 측면이 있는데 신앙적인 측면으로 보면 자신을 구제하는 것이 멀어지고 종교적인 측면에서 보면 신앙의

단체를 유지하는 것이 위험하다고 보는 경우가 많은데 실제로
불법(佛法)이 전승된 것은 종교적인 측면인 것이다.

　자신이 성자(聖者)가 되는 종교(宗教)가 아니면 신앙의
단체가 되어 영리와 규모를 중요시하는 세속의 삶과 같게
되어 계율을 위반하게 되고 서로를 재물이나 권력으로 지배하
는 부조리가 있게 되는 것이다.

　그러므로 종교(宗教)가 되고 승단이 되어야 하는 것이다.

2. 觀自在菩薩, 行深般若波羅蜜多時, 照見五蘊皆空, 度一切苦厄.(관자재보살 행심반야바라밀다시 조견오온개공 도일체고액)

자비(慈悲)를 실천하는 관자재보살께서 말씀하시기를, 반야의 지혜로 육도윤회를 아주 벗어나고자 하면 오온(五蘊)을 회광반조하여서 모두가 공(空)이라는 사실을 자각하여야 일체(一切)의 고액(苦厄)을 뛰어 넘게 되는 것이라고 하셨다.

※ 자신이 자신의 망념을 관조하는 전문가가 되어 진여의 지혜로 불법(佛法)에 맞게 생활하려면 오온(五蘊)이 모두 공(空)이라고 불법(佛法)에 맞게 관조하여야 세간의 망념인 육도윤회를 모두 제도(濟度)하게 되는 것이다.

1) 觀自在菩薩에 대하여 알아보면,

관자재보살이나 관세음보살은 자신의 망념을 관조(觀照)하여 보는 전문가라는 뜻이다.

여기에서도 신앙적인 측면의 관세음보살과 종교적인 관세음보살을 구분하여야 자신이 관세음보살과 관자재보살이 되는 것이다.

자신이 진여(眞如)의 지혜로 자유자재하게 되고, 또 자신이 어디에서나 세간의 망념을 진여의 지혜로 관조(觀照)하여 자유자재한지를 공(空)으로 확인하게 될 때에 자신이 관자재보살, 관세음보살이 되는 것이다.

즉 자신이 속박에서 해탈하여 진여의 지혜로 자유자재한

전문가를 관자재보살이라고 하고, 또 자신이 세간의 망념을 관조하여 자비를 실천하는 전문가가 되는 것을 관세음보살이라고 하는 것으로 관세음보살이나 관자재보살은 범어로는 같은 말이고 번역을 하여도 같은 것으로 자신이 진여의 지혜로 관조(觀照)하는 전문가가 되어야 하는 것을 말하는 것이다.

그러나 신앙적인 관세음보살과 종교적인 관세음보살이 공존하는 것은 근기가 낮은 이를 위하여 조사들께서 자비의 방편으로 건설한 것일 뿐이다.

대전께서는 관자재보살에 대하여 다음과 같이 설하고 있다.

若信於此, 舉心動念, 有一真人, 常在赤肉團上, 出出入入, 這裡親見, 此菩薩, 優游自在.[26]

관자재보살로서 만약에 이와 같이 확신하게 되면 마음을 들어 제시하고 망념이 살아나 움직이는 그곳에 일개(一个) 진인(眞人)이 항상 몸(赤肉團上, 육체)[27]에서 빈번하게 출입하고 있는 이곳에서(這裡) 이 보살이 유유자적하게 자유로운 것을 친견하게 되는 것이다.

---

26) 『般若心經註解』卷1 (『卍續藏』26, 949쪽. 상23.)
27) 『鎭州臨濟慧照禪師語錄』卷1(『대정장』47, 496쪽. 하10.): 「上堂云. 赤肉團上, 有一無位真人, 常從女等諸人, 面門出入. 未證據者, 看看. 時有僧出問. 如何是無位真人. 師下禪床把住云. 道道. 其僧擬議, 師托開云. 無位真人, 是什麼乾屎橛. 便歸方丈.」

※ 적육단상이라는 몸은 어느 누구나 다 가지고 있는데
망념이 없는 자신을 말하는 것이다. 그러면 임제의 설법에서
주장하고 있는 무위진인을 각자가 친견하는 것이 관자재보살
이라는 것이다. 사람이 부처라는 임제의 사상을 계승하는
것이다.

　　혜충께서는 관자재보살에 대하여 다음과 같이 설하고 있
다.

　　觀自在菩薩.
　　忠云, 此破凡夫, 塵劫背心. 唯觀諸法, 被法所拘, 不得自在
大意. 只令衆生, 背境觀心, 悟心無法可得. 何以故, 且如色法,
因心而起, 反觀起心, 無有處所, 實不可得. 心尚自無, 色從何
有. 猶如夢幻, 不念不著, 方知於色法得自在, 乃至一切法,
不可得. 亦不被一切法所攝, 於一切處, 得自在如是之人. 悟
心無心, 了境無境, 心境兩忘. 無了可了, 坦然無礙. 故名自在,
善*之言了. 薩之言見了見, 諸法本來空寂. 故名菩薩也.28) ※
善疑菩.

　　관자재보살을 혜충국사(?-775)께서 말하기를, 이것은 범
부들이 진겁(塵劫)동안 불심(佛心)을 위배한 것을 없애려는
것이다. 오직 제법(諸法)만을 관(觀)하면 그 법에 구속되어

---

28) 『三註般若波羅蜜多心經』(『卍續藏』 26, 797쪽. 중13.)

자재한 대의(大意)를 체득하지 못하게 되는 것이다.

단지 중생들이 대상경계를 위배하고 마음을 관조(觀照)하면 마음을 무법(無法)이라고 깨달아 체득하게 된다.

왜냐하면 또 색법(色法)과 같이 마음으로 인하여 일어나는 것이나 반대로 일어난 마음을 관(觀)하여 보면 처소(處所)가 없으므로 실제로는 얻을 수 없는 것이다.

마음은 항상 자체가 없는 것이나 색에 따라서 어디에나 있게 되는 것이다. 비유하면 몽환(夢幻)과 같은 것이니 망념이 없고 집착이 없으면 비로소 색법(色法)에서 자재함을 체득했다고 알게 되는 것이나 더 나아가서(乃至) 일체법을 얻는 것은 아닌 것이다.

그러므로 일체법에 얽매이지 않아야 일체처에서 자유자재함을 체득한 여시(如是)한 사람이 되는 것이다.

망심(妄心)을 깨달아 무심(無心)하게 되면 대상경계를 요달하여 의식의 대상경계가 없게 되고, 마음과 대상경계가 모두 의식에서 없어지게 된다. 요달했다는 집착이 없는 지혜를 바르게 요달하면, 탄연(坦然, 마음이 편안한 모양)하게 되어 장애가 없게 된다. 그러므로 이름을 자재(自在)라고 하며 훌륭하게 요달했다고 말하는 것이다.

보살이 이와 같이 하는 것을 친견했다고 하고 제법(諸法)이 본래 공적하다는 견해를 요달하는 것이다. 그러므로 보살이라고 하는 것이다.

또 부용선사도해(1043-1118)께서는 다음과 같이 설했다.

楷云, 菩薩之人, 以般若妙慧, 照了前境, 了無凝滯. 所以觀
空之時, 不礙萬象, 燦然涉有之時, 自然一道清淨, 心境融通,
理智無二. 故曰, 觀自在也. 凡夫妙慧, 不明六塵, 覩對翳障,
心光物物頭頭, 皆成障礙. 故名不自在也.[29]

부용선사도해(1043-1118)[30]가 말하기를 보살이라는 사
람은 반야의 현묘한 지혜로 목전(目前)의 대상경계가 응체(凝
滯)가 없다고 깨달아 관조하는 것이다.

그러므로 공(空)으로 관(觀)하는 때에는 삼라만상이 장애
하지 않게 되어 반짝이는 지혜로 건널(涉) 때면 자연히 일도
(一道)가 청정하여 심경(心境)이 융통하니 이지(理智)가 둘
(차별)이 없게 되는 것이다. 그러므로 관자재라고 말하는
것이다.

범부들은 현묘한 지혜로 육진(六塵)에 대하여 분명하게
알지 못하니 대상경계를 장애로 보게 되어 밝은 지혜(心光)를
가지고도 모든 사물들이(物物頭頭) 모두가 장애가 되는 것이
다. 그러므로 자유자재 하지 못하다(不自在)라고 하는 것이
다.

---

29) 『三註般若波羅蜜多心經』(『卍續藏』 26, 797쪽. 중23.)
30) 부용도해(1043-1118) : 송대의 조동종 스님으로 투자의청(1032-1083)의 법을
계승함.

제바께서는 다음과 같이 설했다.

觀自在菩薩.

菩薩者, 雖是梵音, 文言不足, 何以得然. 但以梵語漢言, 方
音有異, 翻作漢語, 文言稍不和韻, 是以往日, 翻譯大德. 於一
名中, 略除三字, 終須解釋, 是故知意而已. 問. 梵本眞言, 足
者如何. 答. 即云菩提薩怛縛, 此翻菩提爲道心, 薩怛縛爲衆
生. 問. 云何爲道心衆生. 答. 行者常觀諸法, 不捨須臾, 進止
威儀, 未曾暫息. 四心普濟, 而不見能所可收, 爲物遷形. 而善
權施方便, 無親無黨, 常存一子之心. 不曲不邪, 而隨方化物,
八風扇之不動, 故名行道之人. 行道之人, 名中道之士. 故名
道心衆生. 又道者, 乃是萬邦, 不摧*之逕. 心者, 即是內照,
證悟之方, 內照外通相資, 萬法由斯備矣. 又圓明總悟, 不復
有進, 目之爲佛. 半月修滿之徒, 詺之爲菩薩也.31) * 摧疑擁

관자재보살에서 보살은 비록 범어(梵語)이지만 문자(文字)
로 나타내는 것으로는 부족하여 어쩔 수 없이 그렇게 한
것이다.

단지 범어(梵語)를 한자로 나타내는데 방음(方音, 방언,
사투리)이 차이가 있는데 번역(翻)하면 한어(漢語)로 하는
것이 되고, 문자를 말로 하면(文言) 점점 음운(韻)에 맞지
않게 되어 이것을 지난날에는 대덕(大德)이라고도 번역(翻

---

31) 『註般若波羅蜜多心經』(『卍續藏』26, 720쪽. 중10.) 제바

譯)했었다. 이 한 사람 중에서 글자 세 자(字)를 제거하고
요약하여 마침내 번역을 하게 되므로 이미 뜻을 알게 되었다.

물었다. 범어는 본래 진실한 말씀(眞言)으로 충분한 것인데
어찌하여 그렇습니까?

대답했다. 즉 말하기를 보리사뜨바(보리살타)라고 하는
것으로 이것을 번역하면 보리(菩提)는 도심(道心)을 말하는
것이고 사뜨바(살타)는 중생(衆生)을 말하는 것이다.

물었다. 어찌하여 도심(道心)중생(衆生)이라고 하십니까?

대답했다. 수행자는 항상 제법(諸法)을 관조(觀照)하는 것
을 잠시도 쉬지 않고 행주좌와의 사위의(四威儀)를 일찍이
잠시(暫)도 멈춘 적이 없다. 사심(四心, 자비희사의 사무량
심)으로 널리 중생을 제도하고, 능소(能所, 주객, 차별)로
보지 않아야 가히 받아들이게 되어 중생을 열반(遷形)에 들게
하는 것이고, 많은 방편을 베푸니 친당(親黨)이 없으므로
항상 외아들(一子, 부처)을 지키고자 하는 마음이 존재(存在)
하게 되는 것이다.

왜곡되고 삿된 것이 아니고 방편으로 중생을 교화하고자
하는 것이니, 팔풍(八風, 번뇌망념)의 바람이 와도 부동(不動)
하게 되는 것이다. 그러므로 도(道)를 행하는 사람이라고
하는 것이다.

도(道)를 행하는 사람을 명칭으로 도(道)로 적정하게 처리
하는 사람(土)이라고 하는 것이므로 도심(道心)중생(衆生)이
라고 하는 것이다.

또 도(道)라는 것은 이내 만방(萬邦)에 있는 것이지 높고

험준한 것(摧)으로 가는 첩경(逕)만은 아닌 것이다.

마음이란 즉 내부를 관조하여 증오(證悟)하는 방편인 것이고, 내부를 관조하고 외부의 대상경계와 통(通)하게 서로 돕는 것이고 만법은 이것을 구비한 것이다.

또 원만하게 모두를 분명하게 깨달으면 되돌아가지 않고 전진하는 안목을 가진 것을 부처라고 하는 것이다.

반월(半月)을 수행하여 둥글게 하는 수행자를 이름 하기를 (詺) 보살이라고 하는 것이다.

言自在者, 然一切眾生, 皆有佛性, 隱顯有異, 一體不殊, 觀照即自在, 散亂即為罔然. 觀者, 非一背為邪見, 故妄念滋多, 妄念滋多, 即隨因迸逸*, 即無惡不為. 以造業故, 隨業輪迴, 業之所使, 名不自在. 又世間愚人, 常隨他語, 不自推求, 是非善惡, 一聽他言, 得失進**, 何曾自說. 唯知貪幻欲於盲目, 不知受實苦於將來. 一害苦於萬人, 日夜痛於大聖. 是故道心眾生, 常觀照故, 不為一切法與非法, 乃至苦樂之所拘執. 故言觀自在菩薩也.[32]

* 逸下恐脫隨因迸逸四字. ** 進下疑脫止字.

자재(自在, 자유자재)라고 말하는 것은 일체중생이 모두 불성(佛性)이 있지만 가려져 있는 것과 나타난 것(隱顯)의 차별만 있을 뿐이지 일체(一體)가 단절된 것은 아니므로 (자신을)관조(觀照)하면 곧 자유자재하게 되는 것이고, 산란하면 아득하다는 것이다.

관(觀)이란 깨달음(진여)을 초월하는 것이고, 진여를 배반(背)하면 사견(邪見)이 되어 망념(妄念)은 점점 더 많아지는 것으로 망념(妄念)이 많아지는 것은 즉 달아나는(迸逸) 인연을 따르는 것이니 즉 악을 행하지 않는 것이 없게 된다.

그러므로 업을 짓게 되어 업에 따라 윤회하게 되니 업에 끄달리는 대로 하여 자재하지 못하게 되는 것이라고 하는 것이다.

---

32) 『註般若波羅蜜多心經』(『卍續藏』26, 720쪽. 중23.)

또 세간에서 어리석은 사람은 항상 타인이 하는 말만 따르니 자신이 추구하는 것이 아니어서 시비(是非)와 선악(善惡)으로 남의 말을 진심(眞心)으로 받아들이게 되어 이익과 손해에 따라서 행(行)하면서 망념에서 해탈하려고 하면, 어찌 자신의 불법(佛法)을 건설할 수 있겠는가?

오직 환화(幻化)와 같은 욕망을 탐하는 것이 맹목(盲目, 안목이 없음)으로 인한 것을 알면서도, 실제로 장래에 고액(苦厄)이 되어 받는 것을 알지 못하는 것이다.

진여의 지혜를 방해(妨害)하며 중생들은 고통(苦痛)으로 살아가는 것이고, 망념의 고통에서 진여의 지혜(日夜)로 전환하여 살아가면 위대한 성자가 되는 것이다.

그러므로 도심(道心)중생(衆生)은 항상 관조(觀照)하므로 일체법(一切法)과 비법(非法)으로 행하지 않게 되어, 이내(乃至) 고락(苦樂)을 그곳에 잡아가두게(拘執) 된다. 그래서 관자재보살이라고 말하는 것이다.

※ 이상에서 설하고 있는 것은 관자재보살을 신앙의 대상으로 보는 것 보다는, 대상으로 보지 않고 모두가 관세음보살이 되어야 하는 것을 설하고 있는 것이다.

즉 보살의 위대성을 강조하는 이면에는 모두가 관자재보살이 되는 방법을 설하고 있는 것이다. 모든 중생들이 자신의 망념에 사로잡혀서 자신의 무위진인을 찾아내지 못하고 있는 것을 불쌍하게 여기시는 것이다.

앞으로 계속 전개될 것이지만 불법(佛法)을 모르고, 삼학

(三學, 계정혜)이 무엇인지도 모르고 비판만하는 것은 불자(佛子)가 아닌 것이고 사도(邪道)인 것이다. 이와 같은 것 때문에 조사들께서 두려워하신 것이다.

자신이 공(空)으로 관조(觀照)한다는 것(진여의 지혜)까지도 초월해야 하는데 이것을 지식으로 관조하게 되면 망념이 되어 윤회고(苦)를 받게 되는 것이라고 하신 것이다.

지식을 지혜로 전환하여 몰종적의 조사가 되어야 하는 것이다.

2) 行深般若波羅密多時에 대하여 알아보면 반야바라밀다를 간절하게 행하게 되면 오온(五蘊)이 공(空)하게 된다고 하는 것이다. 진여의 지혜로 행(行)하게 되는 것을 행심(行深)이라고 하는 것이다.

그러므로 여기에서 설(說)하고 있는 반야바라밀을 간절하게 행(行)하는 이유를 소승(小乘)의 반야가 아닌 대승(大乘)의 반야지혜로 실천하기를 간절하게 바라기 때문에 이와 같이 설하고 있는 것이다.

여기에서 소승(小乘)과 대승(大乘)을 설명하자면 소승(小乘)은 불법(佛法)에 맞게 아주 정확하게 잘 살아도 현자(賢者)밖에 안 된다는 것을 말하는 것이고, 대승(大乘)은 부처나 조사(祖師)가 되어 진여의 지혜로 몰종적의 삶을 살아가는 것으로 성자(聖者)가 되는 것을 말하는 것이다.

여기에서 행심반야바라밀다시라고 하는 것은 모든 중생들이 성자(聖者)의 삶을 살아가기를 바라는 것이다. 성자(聖者)의 삶을 살아가는 방법을 다음에 나오는 조견오온개공으로 설하고 있는 것이다.

이것을 소승(小乘)의 소인(小人)이 읽으면 의심만 많아지는 것이다. 이것을 읽고도 의심이 생기지 않는 것을 희유(希有)하다고 하는 것이다.

대전께서는 행심반야를 다음과 같이 설하고 있다.

　行脩行也. 欲行千里, 一步為初, 看這一步,[33] 從何而超＊.
若知超＊處, 便知生死之根源. ＊ 超疑起次同
　深者, 徹骨處也. 五蘊頓徹, 絲毫不掛, 如父母未生相似.
　般若云, 智慧. 大智之人, 知有生, 便知有死. 當自坐觀, 生從
何來, 死從何往. 若有人, 發此一念, 便能親近知識, 決擇生死
之法.[34]

　행(行)은 행(行)하는 것으로 수행(修行)[35]하는 것이다.
　천리를 가고자 하면 처음의 한 걸음이 시작인 것으로 이
일보(一步)를 간(看)하여 보면 첫 걸음은 무엇으로부터 시작
이 되었는지를 아는 것이다,
　만약에 첫 걸음이 일어나는 곳을 알면 바로 생사망념의
근원을 깨닫게 되는 것이다.

---

33) 『楊岐方會和尙語錄』卷1(『대정장』47, 642쪽. 중21.): 「一日三人新到, 師問.
　三人同行必有一智, 提起坐具云, 參頭上座, 喚者箇作什麼. 僧云坐具. 師云, 眞箇
　那. 僧云是. 師云, 喚作什麼. 僧云坐具. 師顧視左右云, 參頭却具眼. 又問第二座.
　欲行千里, 一步為初, 如何是最初一句. 僧云. 到和尙者裏, 爭敢出手. 師以手劃一
　劃. 僧云了. 師展兩手. 僧擬議. 師云了.」
　『大慧普覺禪師語錄』卷26(『대정장』47, 924쪽. 중7.):「黃面老子曰. 信為道元
　功德母, 長養一切諸善法. 又云, 信能增長智功德, 信能必到如來地. 欲行千里,
　一步為初, 十地菩薩, 斷障證法門, 初從十信而入. 然後登法雲地, 而成正覺. 初歡
　喜地, 因信而生, 歡喜故也.」
34) 『般若心經註解』卷1 (『卍續藏』26, 949쪽. 중1.)
35) 수행(修行) : 수행(修行)은 육신의 고행을 의미하는 것이 아니고 자신의 망념(妄
　念)을 근원으로 되돌려서 망념(妄念)을 돈오하여 진여(眞如)의 지혜로 살아가는
　것을 말하는 것이다. 요사이는 육신의 고행을 하고나서 마음의 수행을 하고자
　하는 경우가 있는데 이것이 얼마나 어리석은 일이 아니겠는가?

심(深)은 뼈에 사무친다는 것이다. 오온(五蘊)[36]을 철저하게 돈오(頓悟)하여 털끝 하나라도 마음에 걸리지 않으면(不掛) 부모미생전의 본래면목과 같게 되는 것이다.

반야(般若)[37]는 지혜이다. 위대한 진여의 지혜를 가진 이라면, 망념(妄念)이 생기는 것이 있다는 것을 알고 나면 바로 망념(妄念)이 사라진다는 것을 알게 되는 것이다.

그리하여 마땅히 스스로 좌선하여 관찰하면 망념(妄念)이 어떻게 생기고 망념이 어떻게 사라지는 것을 알게 되는 것이다.

만약에 어느 사람이 이와 같은 일념(一念, 진여의 지혜로 관조)을 발원하게 되면 바로 능히 아주 가까운 곳에서 선지식을 친견하게 되고 생사(生死)망념의 도리(法)를 결택하게 되는 것이다.

---

36) 오온(五蘊): 『般若心經解義節要』卷1(『卍續藏』26, 805쪽. 중20.) : 「五蘊者, 色受想行識也. 蘊者積聚也. 空者真空也. 色者色身也. 受者領納也. 想者思想也. 行者造作也. 識者分別也. 識即心王, 受想行是, 心所作也.」
: 色受想行識의 다섯 가지로 이루어진 것을 말한다. 色은 모든 물질적인 존재로 대상경계이고, 受는 받아들이는 인식작용. 想은 대상에 비교 분별하며 생각하는 의식이고, 行은 기억 판별하고 인식하여 조작하는 것. 識은 대상경계와 일행삼매가 되어 낱낱이 분석하여 확인 검증하고 자신이 인식하는 심왕이고 수상행은 심소(心所)의 작용이다.

37) 반야(般若) : 반야가 지혜라는 사실은 알지만 지혜와 지식을 혼동하지 말아야한다. 지혜와 지해(知解), 지식(知識)은 다른 것이다. 학문으로 수행하면 할수록 학문의 지식은 매일 매일 늘어나지만 지혜의 도(道)는 수행할수록 지식의 망념은 줄어들어 공(空)에 이르게 되고 반야의 지혜로 돌아가게 되면 범부가 전환되어 성자(聖者)가 되는 것이다. 이 마음이 부처인줄 알게 되면 이곳이 불국토가 되고 제도할 중생이 없게 되고, 증득해야 할 열반도 없게 되는 것이다.

혜충께서는 다음과 같이 설했다.

行深般若波羅蜜多時.
　忠云, 此重擧經題意, 爲破小乘, 心外求法. 小乘之人, 不悟
自心, 本來具足, 妄求言敎, 以爲智慧, 名爲般若. 息諸妄念,
以爲淸淨, 故名波羅. 所見本空, 合成一體, 名之爲蜜. 通達諸
法, 懷念記持, 名之爲多. 此是背心, 求法妄有, 修證墮在聲聞,
名淺般若. 今更擧行深般若, 以明大乘, 對破前病, 菩薩了見,
諸法本來空寂, 實無生滅, 故名深般若. 心本淸淨, 內外圓明,
故名波羅. 心外無法, 法外無心, 心法不二, 故名爲蜜. 性含萬
法, 不假修證, 故名爲多. 如是悟者, 名大乘故. 名行深般若波
羅蜜多時者, 過現未來心俱, 不可得, 故名時.[38]

　행심반야바라밀다시를 혜충국사(?-775)께서 말씀하시
기를, 이것을 거듭 제시하여 이 경의 서두에 의지(意旨)를
나타낸 것은 마음 밖에서 법(法, 佛法)을 구하는 소승을 파괴
하기 위한 것이다.
　소승의 사람들은 본래부터 구족되어 있는 자신의 마음도
깨닫지 못하고 허망하게 언교(言敎)를 추구하기에 지혜로
써 설명하는 것이므로 이름을 반야(般若)라고 한다.
　모든 망념을 쉬기만 하면 청정하게 되는 것을 바라(波羅)라
고 말하는 것이다.

---

38) 『三註般若波羅蜜多心經』(『卍續藏』26, 797쪽. 하4.)

대상으로 보는 견해가 본래 공(空)이라고 자각하여 만법(萬法)과 계합하여 일체가 되는 것을 이름 하여 밀(蜜)이라고 하는 것이다.

제법(諸法)을 통달하고 기억(記憶)하여 수지(授持)하는 것을 이름 하여 다(多)라고 한다.

이것은 본심을 위배하는 것으로 법을 허망하게 있다고 추구하는 것이 되어 수행하고 증득하여도 성문(聲聞)에 떨어지게 되는 것으로 이름 하여 천박(淺薄)한 반야(般若)라고 한다.

지금 다시 행심반야를 제시(提示)한 것은 대승(大乘)을 밝히기 위한 것으로 이전의 병을 파괴하여 보살이 제법(諸法)은 본래부터 공적하다는 견해를 요달하게 하여 진실로 생멸(生滅)이 없다는 것을 체득하게 하는 것이다.

이것을 이름 하여 심오(深奧)한 반야(般若)의 지혜라고 하는 것이다.

마음은 본래 청정하여 내외(內外)가 원명(圓明)한 것을 이름 하여 바라(波羅)라고 하는 것이다.

마음을 벗어나는 법은 없고, 법(法)을 벗어나는 마음도 없으니 마음과 법이 둘(차별)이 아닌 것을 이름 하여 밀(蜜)이라고 한다.

본성(本性, 佛性)은 만법(萬法)을 함장하고 있으므로 수행하고 증득(修證)하는 것을 필요로 하지 않는 것을 이름 하여 다(多)라고 한다.

여시(如是)하게 이와같이 깨닫는 것을 이름 하여 대승(大

乘)이라고 하는 것이다.

명칭(名稱)을 행심반야바라밀다시라고 하는 것은 과거 현재 미래의 마음을 구족하고 있으나 얻을 수는 없는 것이므로 이름 하여 시(時)라고 한다.

자수선사회심(1077-1132, 혜림혜심)께서는 다음과 같이 설(說)했다.

深云, 是大乘行深般若之時 非小乘淺般若之時 一切諸法 本無所行 亦無所住 利生不勌. 譬如幻師 作種種幻事 欲令眾生 如幻即覺 故云, 行深般若波羅蜜多也.[39)

자수선사회심(1077-1132, 혜림혜심)께서 말씀하시기를, 대승(大乘)의 심오한 반야를 행(行)하면 소승(小乘)의 천박한 반야를 초월하게 되므로 일체의 제법은 본래 무소행(無所行)이고, 역시 무소주(無所住)이니, 중생을 구제하는 데 게으르지 않게 되는 것이다.

비유하면 환사(幻師, 마술사)가 갖가지 환사(幻事, 마술)를 하는 것은 중생으로 하여금 환상을 자각하게 하는 것과 같은 것이다. 그러므로 행심반야바라밀다라고 하는 것이다.

---

39) 『三註般若波羅蜜多心經』(『卍續藏』 26, 797쪽. 하16.)

제바께서는 다음과 같이 설했다.

行深般若波羅蜜多時.
般若無底, 故言深. 觀照不絶, 所以言行. 時者, 即是行人,
運慧悟理, 契合之時. 故言行深般若波羅蜜多時.[40]

행심반야바라밀다시에서 반야(般若)는 끝이 없으므로 심
(深)이라고 하는 것이다. 관조(觀照)하여 단절되지 않게 하는
것을 행(行)하는 것이라고 말하는 것이다.

시(時)는 즉시에 실행하는 사람으로 지혜로 행하여 도리를
깨달아 계합하는 때(時)를 말하는 것이다.

그러므로 말하기를 행심반야바라밀다시라고 한다.

---

40) 『註般若波羅蜜多心經』(『卍續藏』26, 720쪽. 하9.)

3) 照見五蘊皆空 度一切苦厄에서 관자재보살로서 행심반야바라밀다를 행하는 것은 즉 반야의 지혜(진여의 지혜)로 관조하여 오온이 모두 공(空)이 되어야 일체의 고액을 뛰어넘을 수 있는 것이라고 설명하고 있는 것이다.

오온(五蘊)은 色受想行識의 다섯 가지로 이루어진 것을 말하는데 육근으로 받아들이는 오온을 분리하여 나타낸 것이다.

색(色)은 육근으로 받아들이는 형상, 모습을 말하는 것으로 만법이고, 수(受)는 육근으로 받아들이는 인식작용이고, 상(想)은 받아들인 것을 대상으로 비교 분별하며 생각하는 지식이고, 행(行)은 기억 판별하고 인식하여 조작하며 행하는 것이며, 식(識)은 대상경계와 일행삼매가 되어 낱낱이 분석하여 확인 검증하여 자신이 인식하는 지혜이다.

도일체고액이라고 하는 것은 이와 같은 오온이 공(空)이 되므로 일체의 고액(苦厄)을 뛰어넘는 것은 진여의 지혜로 만법(萬法)이 청정하게 되기 때문이다.

그리고 공으로 실천하는 것을 무위법(無爲法)인 대승(大乘)이라고 하며 진여의 지혜를 실천하는 것이라고 하는 것이다.

그러면 먼저 오온(五蘊)에 대하여 살펴보면 다음과 같다.

① 색온(色蘊)에 대하여 알아보면 지혜로 색온(色蘊)이 공(空)임을 확인하여야 되는 것이다. 진여의 지혜로 자신이

의식의 색온(色蘊)이 공(空)임을 확인하여야 하는 것이다.

육근(六根, 안이비설신의)으로 육경(六境)을 인식한 본체인 만법(萬法)을 색온(色蘊)라이고 하는 것이다.

즉 색온(色蘊)은 물질로 만들어진 모든 것을 만법(萬法)이라고도 하는 것이지만, 여기에서 만법(萬法)은 의식의 대상경계(六境)를 인식하는 모든 것을 말하는 것이다.

그러므로 대상경계(六境)를 인식하는 자신의 만법을 공(空)으로 만드는 원천은 자기의식의 본체인 색온(色蘊)이 공(空)해야 하는 것이기 때문이다.

※ (외부의 색을 인식하여 자신의 법이 되는 색을 자신의 만법(萬法)이라고 하여 설명한 것이다. 대상경계로서의 만법(萬法)과 자신이 인식한 만법(萬法)을 구분한 것)

자신이 육근(六根)으로 인식하여 보는 모두(六境)를 공(空)으로 볼 수 있어야 하는데 공(空)으로 보지 못하기에 진여의 지혜가 아닌 대상경계의 색온(色蘊)이 되어 중생심의 고액(苦厄)이 있는 것이다.

그러므로 진여의 지혜로 대상경계(六境)를 보면 색온(色蘊) 모두가 공(空)이 되는 것이다.

중생심으로 보는 색온(色蘊)을 불심(佛心)으로 전환하면 색온(色蘊)이 공(空)으로 되어 육근(六根), 육경(六境), 육식(六識)이 없게 되는 것이다.

혜충께서는, "색은 정명(精明, 청정)을 위배(違背)하여 항상 대상경계를 관(觀)하므로 인하여 차별의 색(色)이라고 하는 것"이라고 하였다.

중생심의 색(色)을 포기하면 불심(佛心)의 색온(色蘊)을 보게 되는데 이것은 삼학(三學)으로 자신이 하여야 공(空)하게 되어 행심반야바라밀다를 행하는 것이 된다.

② 수온(受蘊)에 대하여 알아보면 수온(受蘊)은 받아들인다는 뜻을 가지고 있다.

육경(六境)을 육근(六根)으로 인지(觸)하여 받아들이는 것이 수온(受蘊)이므로, 이제 육경(六境)을 육근(六根)으로 받아들여서 인식하는 만법(萬法)41)이 수온(受蘊)이 되는 것이다.

우리들이 이제까지 있어 왔던 중생심의 고정관념으로 모든 것을 인식하므로 인하여 만법(萬法)을 진여의 지혜로 생각하여 보지도 않고 중생심의 지식으로 파악하여 버리고 말기 때문에 수온(受蘊)이 공(空)으로 되지 않고 중생심의 고액(苦厄)이 되는 것이다.

그러나 이제부터는 의식의 만법(萬法)을 다시 보려고 하면 중생심(차별분별, 번뇌망념)의 고정관념을 파괴하여야 인지하는 것부터 청정하게 되는 것이다.

이제까지는 수온(受蘊)을 식온(識蘊)에다 중점을 두니까 수온(受蘊)이 공(空)이 되지 않는 것이다.

그러므로 이제 오온(五蘊)을 각각 분리하여 공(空)이 되게

---

41) 만법(萬法) : 만법(萬法)을 대상경계인 육경(六境)을 말하는 것이 하나이고, 또 하나는 자신이 인식하고 있는 의식속의 만법(萬法)을 말한다. 즉 여기에서 말하는 법(法)은 의식(意識)의 인연법을 말하는 것이다.

하는 것을 설명하는 것이다.

인식하는 것을 너무 많이 분석하여 과학적으로 세밀하게 하다 보니까 인식하기전의 과정이나 인지하는 것을 안근(眼根, 사진기, 카메라)이 포착하는 순간(찰나, 1/10∞초)을 말하게 되어 인식하는 그 순간에 무엇이 있다고 분석하여 석공(釋空)[42]으로 알려고 하다가 큰 것을 놓치는 결과를 초래하게 되는 것이다.

만법(萬法)을 중생심으로 인식하고 있는 고정관념의 수온(受蘊)으로 받아들이지 않고 돈오(頓悟)하여 청정하게 받아들이면 수온(受蘊)이 공(空)이 되는 것이다.

그러면 이제 부터는 자신의 의식이 진실하게 산은 산이요 물은 물이 되어 모든 대상경계가 청정하게 되는 것이다.

혜충께서는, "수(受)는 제법(諸法, 만법)을 탐구(貪求)하고 수행하여 증득(修證)하기를 희망하므로 수(受)라고 한다."라고 하였다.

의식의 만법(萬法)을 진여의 지혜로 전환하여 체득하는

---

42) 석공(釋空) : 분석하여 구경에는 공(空)이 된다고 말하는 것이다. 여기에서 비유하면 안근(眼根)의 근원이 무엇이며, 즉 카메라의 근원은 무엇이며 등등으로 분석하면 안근(眼根)의 근원에서 시작하여 인간의 근원을 진화론에서 세포라고 하는 학자와 이교도의 창조론등으로 하다보면 본론은 어디로 사라지고 죽게 되는 것이다. 또 안근으로 인지하는 기능은 뇌의 어느 부위이며, 어떻게 하여 인지하는가등을 육식(六識)으로 하다보면 인간을 기계적이나 신앙으로 만들게 되어 자유를 속박하게 되는 것이다. 이런 것의 근원을 넓게 돌려서 세계의 형성은 우주의 폭발설이나 팽창설이다 등등으로 알려고 하면 모든 것들을 다 알기도 전에 죽어버리게 되는 과오를 범하게 되는 것을 『전유경』에서는 비유하여 말하고 있다. 이제 자신의 발등에 떨어진 불을 끄는 일이 얼마나 중요한가를 알아야 하는 것이고 탐진치를 무상계(無相戒)로 전환하여 공조(共助)하여 모두가 함께 살아가는 세상을 만들어가야 하는 것이다.

것이 수행(修行, 본심으로 되돌아가는 것)이므로 수온(受蘊)이 공(空)이 되어 고액(苦厄)을 뛰어넘게 되고 행심반야바라밀다를 행하는 것이다.

③ 상온(想蘊)에 대하여 알아보면 상온은 비교분별하며 생각하는 의식이다. 즉 자신이 가진 중생심의 지식으로 생각하는 모든 것을 말하는 것이다.

수온(受蘊)은 인식하여 받아들인 것이고, 자신의 지식으로 비교분별하며 생각하는 것을 계속하므로 상온이라고 하는 것이다.

즉 예를 들면 무슨 물건을 중생심의 지식으로 인식하여 받아들이고는 자신의 지식으로 비교 분석하여 생각하고는 다시 계속 확인하여 구체화시키는 것을 말하는 것이다.

그러므로 계속 자신이 가진 중생심의 지식으로 모든 것을 계속하여 고정관념화 하는 것을 상온(想蘊)이라고 하는 것이다.

이 상온(想蘊)이 공(空)으로 되는 것은 자신이 가진 중생심인 지식의 상온(想蘊)을 공(空)으로 하여야 하는 것이다.

그러므로 이것을 진여의 지혜로 상온(想蘊)을 즉 비교 분별하는 의식을 공(空)이 되게 하여야 되는 것이다.

자신의 중생심(衆生心, 반복하는 마음)을 불심(佛心)으로 전환하는 의식의 대개혁이 일어나야 하는 것이다. 이것을 조사(祖師)들은 돈오(頓悟)라고 말하고 있는 것이다.

고정관념으로 되어버린 만법(萬法)을 청정한 일여(一如)의

경지로 의식을 돌이켜야 하는 것을 상온(想蘊)이 공(空)이
되는 것이라고 하는 것이다.

혜충께서는, "상(想)은 제법(諸法)을 반연(攀緣, 의지)하
여 유출(流出)하므로 쉬지 못하는 것을 상(想)이다."라고
하였다.

상온(想蘊)은 자신이 의식의 대상경계를 계속하여 자기의
중생심으로 확인하려고 계속 반복하여 궁리하는 것을 말하는
데 이것을 의심즉차(擬心卽差)라고 하듯이 의심(擬心)하지
않으면 바로 공(空)이 되는 것이다.

의심(擬心)하지 않으려면 정확하게 알아야 하는 자신의
지혜가 있어야 하는 것을 진여의 지혜라고 말하는 것으로
탐진치(貪嗔癡)를 삼학(三學, 계정혜)으로 돈오(頓悟)해야
상온(想蘊)이 공(空)하게 되어 행심반야바라밀다를 실천하는
것이다.

④ 행온(行蘊)에 대하여 알아보면 육근(六根)으로 육경(六
境)을 판단하여 아는 육식(六識)으로 중생심으로 행(行)하는
것과 불심(佛心)으로 행(行)하는 것을 말하는데 행온(行蘊)은
그 행하는 모든 것을 말하는 것이다.

불심(佛心)의 행온(行蘊)이나 중생심의 행온(行蘊)이 있는
데 중생심의 행온(行蘊)은 고액(苦厄)을 초래하는 것이고
불심(佛心)의 행온(行蘊)은 고액(苦厄)을 뛰어넘는 것이다.
즉 뛰어넘는 방법을 공(空)이라고 설하고 있는 것이다.

중생심으로 기억 판별하고 인식하여 조작하는 것이라고

한 것은 중생심으로 행(行)하기 때문에 공(空)이 되지 않는 것이다.

그러나 중생심을 벗어난 진여의 지혜로 계율에 맞게 행하면 행온(行蘊)이 공(空)이 되는 것이다.

계율에 맞게 행(行)해야 하는데 중생심으로 행(行)하면 행(行)하는 모든 것이 중생(衆生)의 관점에서 하는 것이기에 계율에 맞지 않게 되어 일체의 고액(苦厄)을 초래하는 원인이 되는 것이다.

그러나 삼학(三學)으로 불법(佛法)에 맞는 진여의 지혜로 생활하여 계율에 맞게 행(行)하면 행온(行蘊)이 공(空)이 되어 일체의 고액을 뛰어넘게 되는 것이 행심반야바라밀다를 실천하는 것이다.

혜충께서는, "금계(禁戒)를 청정하게 수지(授持)하여 두타(頭陀)행(行)을 행(行)해야 하므로 행(行)이라고 하는 것이다."라고 하였다.

이와 같이 행하는 것을 행온이 공이라고 하는 것이다.

⑤ 식온(識蘊)에 대하여 알아보면 육식(六識)으로 아는 모든 것을 말하는 것으로 자신이 지식으로 아는 모든 것들을 말하는 것이다.

이런 의식의 대상경계를 삼학(三學)의 지혜가 아니면 중생심의 지혜로는 진여의 지혜가 출현하지 못하는 것이다.

자신이 중생심으로 아는 지식이나 지혜는 아무리 뛰어나도 현자(賢者)의 벽을 뛰어넘지 못하는 것이다.

그러므로 식온(識蘊)이 공(空)이 되지는 못하는 것이다.

식온(識蘊)이 공(空)이 되려면 의식의 대상경계와 일행삼매(一行三昧)가 되어 낱낱이 분석하고 확인 검증하여 자신이 인식하는 것이 되어야 하는 것이다.

인식(認識)하는 것을 심왕(心王)으로 하는 것이 되어 중생심을 벗어난 심왕(心王)의 작용인 식온(識蘊)이 공(空)이 되어야 하는 것이다.

의식하고 분별하는 모든 것들이 불법(佛法)에 맞게 진여의 지혜가 되어야 자신의 지식을 지혜로 돈오하게 되는 것이다.

식온(識蘊)이 진여의 지혜에 의하여 공(空)이 되므로 자기 의식의 만법(萬法)이 공(空)으로 청정하게 되니 대상경계인 만법(萬法)이 하나로 되어 일체법이 공(空)이 되는 것이다.

이제 자신의 의식속의 산과 대상경계의 산이 똑같은 실상(實相)이 되는 것이다.

이것으로 심왕(心王)이 공(空)으로 작용하게 되어 무위법으로 일체의 고액(苦厄)을 뛰어넘게 되는 것이다.

혜충께서는, "온갖 분별을 하므로 법에 따라 유전(流轉)하게 되므로 식(識)이고, 범부들은 이 다섯 가지 법에 의하여 본심(本心)을 깨닫는 것을 장애하므로 음(陰)이라고 하는 것이라고 하였다."라고 하고 있다.

여기에서 식온(識蘊)은 중생심의 식(識)과 중생심을 벗어난 식(識)을 설명하는 것으로 일체의 고액을 벗어나는 것은 중생심을 벗어난 식(識)이 작용하게 하는 것을 말하고 있다.

즉 육식(六識)에서 중생심을 벗어난 육식(六識)으로 생활하는 식온(識蘊)이 공이 되는 것을 설하고 있는 것이다.

식온(識蘊)이 공(空)이 되는 것은 삼학(三學)에 맞게 생활하면 자신의 의식은 공(空)이 되는 것이고 차별분별하는 중생심으로 생활하면 자신의 의식(意識)도 중생심이 되는 것이다. 그러므로 즉 무위법으로 생활해야 하는 것이다.

* 색수상행식에서 말하는 식은 육식(六識)에서의 식(識)을 활용하여 아는 지식인 것이다. 마음과 법을 비교하여 말하는 것과 같은 이치이다.

즉 오온의 색(色)도 육근(六根)으로 육경(六境)을 보는 것이고, 즉 식(識)도 자신의 식(識)으로 보는 것이고 비유 하면 컴퓨터의 저장장치(하드)를 자신이 활용하는 것처럼 식(識)을 오온(五蘊)의 식(識)으로 활용하는 것이다.

눈만 있으면 무엇을 볼 수 있는 것이 아니듯이 육근(六根)이 각각 떨어져 있으면 쓸모없는 것과 같은 이치이다. 육근(六根)의 식(識)은 작용을 하지 못하는 식(識)이고 오온(五蘊)의 식(識)은 작용을 하는 식(識)을 말하는 것이다.

그러므로 육근(六根)의 식(識)과 오온(五蘊)의 식(識)은 같은 것이지만 활용하는 것에서 차이가 있는 것이다.

그러므로 반야심경에서 앞으로 전개될 내용은 육근(六根)과 육경(六境), 육식(六識)이 없고 12인연이 없게 되어 18계조차도 없는 무소득(無所得)이 되는 것이다.

그리고 지식을 진여의 지혜로 생활하게 되어 구경에는 모두가 열반이고 모두가 불국토에서 살아가는 것이라고 설하고 있는 것이다.

삼학(三學)에 맞는 생활을 하려면 중생심의 고정관념을 전환하는 진여의 지혜가 필요한 것이다. 불법(佛法)으로 전환하지 않고는 어떻게 자신의 업장을 녹일 수 있는 것이겠는가?

그러므로 반야의 지혜에 의하여 오온(五蘊)이 공(空)이 되어 불심(佛心)으로 살아가게 되면 반야바라밀다를 실행하는 것이 되어 일체의 고액(苦厄)을 뛰어넘어 성문(聲聞)연각(緣覺)보살(菩薩)로 살아가게 되는 것이다.

대전께서는 조견오온개공에 대하여 다음과 같이 설하고
있다.

五蘊者, 色受想行識. 今人依此脩行, 常自反照, 照見五蘊淨
盡, 淨躶躶, 赤洒洒, 到這田地, 自然休歇.[43)]

오온(五蘊)이란 색수상행식(色受想行識)이다. 지금의 사
람은 이것에 의지하여 수행하되 항상 스스로 회광반조하여
오온(五蘊)이 아주 청정하게 되는 것을 조견(照見)하면 청정
하여 태허(太虛)와 같이 깨끗하게 자유자재하는 이 심지(心
地)에 도달하게 되어 자연히 쉬게 되는 것이다.

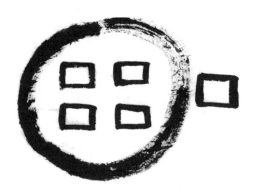

---

43) 『般若心經註解』卷1(『卍續藏』26, 949쪽. 중7.)

度一切苦厄에 대하여 대전께서는 다음과 같이 설하고 있다.

若不得五蘊空, 依舊墮落生死界.[44]

도일체고액에서 만약에 오온(五蘊)이 공(空)하다는 사실을 체득하지 못하게 되면 지난 중생심(舊)에 의지하게 되어 생사(生死)의 중생계(衆生界)에 타락(墮落)하게 된다.

혜충께서는 다음과 같이 설하고 있다.

照見五蘊皆空度一切苦厄.
忠云, 五蘊者, 色受想行識是也. 違背精明, 因常觀境, 故名爲色. 貪求諸法, 希望修證, 故名爲受. 攀緣諸法, 流出不息, 故名爲想. 精持禁戒, 行頭陀行, 故名爲行. 種種分別, 隨法流轉, 故名爲識. 凡夫之人, 被此五法, 所障不悟本心, 故名曰陰. 不出三界, 輪迴不停, 故名爲苦厄. 菩薩反照, 了自心源, 本來淸淨, 觀前五法, 並無生處, 本來空寂, 實無纖毫可得. 故云, 照見五蘊皆空, 度一切苦厄.[45]

조견오온개공 도일체고액을 혜충국사(?-775)께서 말씀하시기를, 오온(五蘊)은 색수상행식이다.

---

44) 『般若心經註解』卷1(『卍續藏』26, 949쪽. 중8.)
45) 『三註般若波羅蜜多心經』(『卍續藏』26, 797쪽. 하20.)

윤회를 벗어나는 반야심경 81

정명(精明, 청정)을 위배(違背)하여 항상 대상경계를 관(觀)하므로 인하여 차별의 색(色)이라고 하는 것이다.

제법(諸法)을 탐구(貪求)하고 수행하여 증득(修證)하기를 희망하므로 수(受)라고 하는 것이다.

제법(諸法)을 반연(攀緣, 인연에 의지)하여 유출(流出)하므로 쉬지 못하는 것을 상(想)이라고 한다.

금계(禁戒)를 청정하게 수지(授持)하여 두타(頭陀)행(行)을 행(行)해야 하므로 행(行)이라고 하는 것이다. 온갖 분별을 하여 법에 따라 유전(流轉)하게 되므로 식(識)이라고 하는 것이다.

범부들은 이 다섯 가지 법에 의하여 본심(本心)을 깨닫는 것을 장애하므로 음(陰)이라고 하는 것이다.

삼계(三界)에서 벗어나지 못하고 윤회하여 정지하지 못하므로 고액(苦厄)이라고 하는 것이다.

보살은 회광반조하여 자신의 심원(心源)을 요달하여 본래부터 청정하게 이전의 다섯 가지 법을 관하고 아울러(幷) 망념이 생기는 것이 없으니 본래부터 공적(空寂)하여 진실로 털끝만큼도 가히 얻을 것이 없는 것이다.

그러므로 조견오온개공, 도일체고액이라고 하는 것이다.

부용선사도해(1043-1118)께서는 다음과 같이 설하고 있다.

楷云, 行深般若波羅蜜多時, 乃至度一切苦厄者, 菩薩行觀照 般若智慧時 無身見 然後 諸苦厄無可託 即苦厄自度.[46]

부용선사도해(1043-1118)께서 말씀하시기를, 심오한 반야바라밀다를 행하면 이내 일체의 고액(苦厄)을 벗어나게 된다는 것은 보살이 반야의 지혜로 관조할 때에 신견(身見)이 없게 된 후에 모든 고액(苦厄)은 있을 곳이 없게 되니 바로 고액(苦厄)을 스스로 제도(濟度)하게 되는 것이다.

---

46) 『三註般若波羅蜜多心經』(『卍續藏』 26, 798쪽. 상5.)

자수선사회심(1077-1132, 혜림혜심)께서는 다음과 같이
설하고 있다.

深云, 五蘊者, 色受想行識也. 蘊者, 能蘊藏其. 眞性令不顯
現, 妙慧已明, 自性空寂, 不待蘊謝方空. 只於蘊上 便見空也.
已於蘊上見空, 方會幻化.[47]

자수선사회심(1077-1132, 혜림, 혜심)께서 말씀하시기
를, 오온(五蘊)은 색수상행식이다. 온(蘊)이란 능히 그것을
쌓아 저장하는 것이다.

진여본성은 분명하게 드러낼 수 없는 것이나 현묘한 지혜로
이미 분명하게 자성(自性)이 공적(空寂)한 것을 파악하게
되어 쌓은 것이 없어지기를 기다리지 않아도 비로소 공(空)이
되는 것이다. 단지 온(蘊)의 상태에서 바로 공(空)을 친견하게
되는 것이다.

이미 온(蘊)의 상태에서 공(空)을 친견하게 되면 비로소
환화(幻化)임을 깨닫게 되는 것이다.

---

47) 『三註般若波羅蜜多心經』(『卍續藏』 26, 798쪽. 상8.)

제바께서는 다음과 같이 설하고 있다.

照見五蘊皆空.

五蘊者, 即色受想行識也. 亦云蘊. 陰者陰覆之義, 蘊者蘊
積之義也. 然陰性無遷, 空無變改. 陰法生滅故, 即色受想行
識.＊ 他明乃陰集, 已曉即無生, 於觀照之時, 了無取捨. 故照
見五蘊皆空. ＊ 即等六字疑細注.

度一切苦厄. 存情逐境不稱心, 乃煩冤, 契意生欣, 欲心轉
熾. 此即苦樂交集. 厄者何疑, 合道之.＊ 於此門中, 八風不動.
故言度一切苦厄.[48] ＊ 之下疑脫人字.

조견오온개공에서 오온(五蘊)이란 곧 색수상행식이다.
또 음(陰)이라고 말하기도 한다. 음(陰)이란 그림자로 덮여
있다는 의미이고 온(蘊)이란 쌓여서 모여 있다는 의미이다.
그래서 음(陰)의 본성(本性)이 변천(變遷)하는 것이 없듯이
공(空)도 변하여 바뀌는 것이 없는 것이다.
음법(陰法)은 생멸(生滅)하는 것이므로 즉 색수상행식을
말하는 것이다. 그것을 밝히면 이것에 음(陰)이 모인 것(오온)
인데 이미 환하게 깨달으면 곧 무생(無生)이 되니, 관조(觀照)
를 하면 바로 취사(取捨)가 없는 공(空)이라고 요달하게 되는
것이다. 그러므로 조견오온개공이라고 하는 것이다.　도일체
고액에서 정(情)을 가지고(存) 경계를 축출(逐出)하는 것은

---

48) 『註般若波羅蜜多心經』(『卍續藏』26, 720쪽. 하13.)

불심(佛心)이 아니므로, 이내(乃) 괴로워하고 고민(煩冤)하는 것이어서, 뜻(意)에 계합(契合)하면 기뻐하는 마음이 생기는 것이고, 마음으로 하고자 전환하여도 욕망이 치성하게 되는 것이다.

이것을 즉 고락(苦樂)이 서로 만나게 되는 것이라고 한다.

액(厄)이란 어떻게 도(道)와 계합하여 벗어날 수 있을 지를 의심하는 것이 이것이다.

이 문중(門中)에는 팔풍(八風, 수행자의 마음을 동요시키는 8가지 장애)의 장애에도 부동(不動)하는 것이므로 일체의 고액(苦厄)을 뛰어넘게 되는 것이다.

相滿果圓因

3. 舍利子, 色不異空, 空不異色, 色卽是空, 空卽是色, 受想行識, 亦復如是.(사리자 색불이공 공불이색 색즉시공 공즉시색 수상행식 역부여시)

사리자(舍利子, 지혜제일 사리불, 그대들이)여 이와 같이 하면 색(色)은 공(空)과는 다르지 않고(색에 대한 차별심이 없게 되고), 공(空)도 역시 색(色)과는 다르지 않고(색이 청정하므로 진실한 실상의 색이고), 색(色)에 대한 망념이 없게 되어 바로 공(空)이 되고(색에 대한 차별심이 없으므로 청정하게 되고), 공(空)이라는 집착도 없으므로 바로 실상이 되는 것이고(청정하므로 진실한 색이 되고), 수상행식(受想行識)도 역시 이와 같게 되는 것이다.

＊ 여기에서는 오온(五蘊)이 공(空)이 되어 고액을 뛰어넘는 것을 다시 확인하고 공(空)의 생활을 하는 불공(不空)의 대승불교를 설하고 있는 것이다. 즉 문수동자가 탄생하게 되는 것이다.

1) 舍利子에 대하여 알아보면,
사리자(舍利子)를 지혜제일 사리불존자나 그대들이라고 하는 것은 사리자(舍利子)에 대하여 일반적으로 우리들이 아는 것은 석가모니 부처님의 제자 중에 지혜가 가장 뛰어난 사람을 말하는 것이기 때문이고, 그 다음은 모든 사람들이 부처가 될 수 있기에 그대들이라고 한 것이다.

그리고 이전에 반야심경을 해석하신 분들의 사리자에 대한 견해를 보면 사리자(舍利子)에서 사(舍)는 색(色)이나 사람이고, 리자(利子)는 마음이나 법으로 보는 견해도 있고, 또 사리자에서 사리를 어머니에 비유하고 자(子)는 존자에 비유하여 어머니의 지혜에 의하여 어머니보다 위대한 부처가 탄생하는 것을 사리불(舍利弗)이라고 하여 사리자(舍利子)라고 한다고도 하고 있다.

경전들에 나타난 사리자에 대한 내용들을 번역하여 보면 다음과 같다.

대전선사께서는 사리자를 다음과 같이 말하고 있다.

四大五蘊, 身如客店, 主人暫住, 主人旣離, 屋舍到壞, 利子常存.[49)]

사대(四大)[50)]오온(五蘊)으로 이루어진 몸은 여관(客店)과 같아서 주인이 잠시 거주하는 것으로 주인과 이미 이별하고 나면 집은 허물어지는 것이나 이것을 깨달은 이(진인)는 항상

---

49) 『般若心經註解』卷1(『卍續藏』26, 949쪽. 중9.)
50) 사대(四大): 지수화풍(地水火風)을 말하는데 우리들의 육체를 비유하는 근본적인 말이다. 즉 인간은 평등하다는 것을 제시하기 위하여 사대(四大)라고 하는 것이다. 사대(四大)를 육체에 비유한 것은 근본적인 사대(四大)로 이루진 살아있는 사람을 지시하기 위한 것이다. 그래서 사람(살아 있는 인간)은 평등하고 누구나가 자각하면 부처라는 것을 암시하고 있는 말이다. 육근이 있으므로 육진이 있고 육진이 있게 되어 18계가 있으므로 사대오온이 있다는 것처럼 살아있는 모든 사람을 지칭하는 말이다.

자유자재하게 되는 것이다.

혜충께서는 사리자를 다음과 같이 설하고 있다.

舍利子.

忠云, 此是身心二相, 更有苦厄也. 空身即法身, 何二相,
亦是重明, 五陰之法. 舍者是色, 利子是心, 受想行識, 此是五
蘊. 又舍者人, 利子者, 亦是法. 人法二相多義, 不可具宣, 以要
言之, 此都是萬法之根本, 今欲明萬法, 不離身心. 故名舍利
子也.[51]

사리자(舍利子)에 대하여 혜충국사(?-775)께서 말씀하시
기를, 이것을 신심(身心)을 두 가지의 차별 상(相)으로 보면
다시 고액(苦厄)이 있게 되는 것이다.

공신(空身)이 법신(法身)인데 무엇 때문에 두 가지의 상(相)
을 나타내어 역시 오음(五陰)의 법을 중요하게 거듭 밝히는
것인가 하면 사(舍)는 색이고 리자(利子)는 심(心)으로 수상행
식 이것이 오온(五蘊)이기 때문이다.

또 사(舍)는 사람이고 리자(利子)는 역시 법이다. 인법(人
法)의 두 가지 상(相)은 다양한 뜻이 있지만 구족하게 선설(宣
說)하는 것은 불가능하기에 요긴하게 말한 것이 이것이다.

이와 같은 것은(此道, 此都) 만법(萬法)의 근본으로 지금
만법을 분명하게 밝히고자 하면 신심(身心)을 벗어나지 말아
야 하는 것이다. 그러므로 사리자(舍利子)라고 하는 것이다.

---

51)『三註般若波羅蜜多心經』(『卍續藏』26, 798쪽. 상11.)

또 부용선사도해(1043-1118)께서는 다음과 같이 설하고
있다.

楷云, 佛喚舍利子, 如金剛經, 稱須菩提.[52]

부용선사도해(1043-1118)께서 말씀하시기를, 부처님께
서 사리자(舍利子)를 부른 것(喚)은 금강경에 수보리를 부른
것(稱)과 같은 것이다.

자수선사회심(1077-1132, 혜림, 혜심)께서는 다음과 같
이 설하고 있다.

深云, 舍利二字是母名, 子之一字是尊者. 乃舍利女之子,
其母因懷, 因懷尊者. 自然聰辨無敵, 故立名連母之稱.[53]

자수선사회심(1077-1132, 혜림, 혜심)께서 말씀하시기
를, 사리(舍利) 이 두 자(字)는 어머니라는 명칭이다. 자(子)
이 한 자(字)는 존자(尊者)를 가리키는 것이다.
이에 사리(舍利)녀(女)의 자식으로 그 어머니가 품은 마음
으로 인하여 그 마음을 존자라고 하는 것이다.
자연히 총명하여 분명하므로 무적(無敵)이다. 그러므로
이름 하여 나타내기를 연모(連母, 知母, 실상, 제불 지혜의

---

52) 『三註般若波羅蜜多心經』(『卍續藏』 26, 798쪽. 상17.)
53) 『三註般若波羅蜜多心經』(『卍續藏』 26, 798쪽. 상18.)

근본)를 지칭하는 것이다.

제바께서는 다음과 같이 설하고 있다.

舍利子,
舍利者梵音, 鳥名也. 此翻諸家, 各悉不同. 或云秋露子.
或云眼珠子. 或云身子. 此皆承虛忘(妄)說. 然舍利者, 鴝鵒鳥
者是. 舍利弗母, 眼似鴝鵒眼, 圓而明淨, 又復聰明多知, 于時
世人皆識因眼, 故號為舍利. 既其所生, 勝母聰明, 世人共識,
稱為舍利弗. 弗者梵音, 此翻為子. 故言舍利子. 聰明第一,
投佛出家, 得阿羅漢果. 佛與對談, 故呼其名.[54]

사리자(舍利子)에서 사리(舍利)는 범어로 새의 이름이다.
이것을 번역하면 모든 가문마다 각각 실제로 같지는 않지만
혹은 말하기를 추로자(秋露子)라고 하기도 하고, 혹은 안주자
(眼珠子)라고 하기도 하고, 혹은 신자(身子)라고도 하는 것으
로 이것은 모두 허망하게 설한 것을 계승한 것일 뿐이다.
그러나 사리자(舍利)는 구욕(鴝鵒)이라는 새를 말하는 것
이다. 사리불(舍利弗) 어머니의 눈이 구욕(鴝鵒)의 눈과 같아
서 원만하여 밝고 청정하고 또 다시 총명하여 많은 지혜가
있어서 세상 사람들과 같이 있으면 모든 것을 눈으로 인하여
판별하므로 사리(舍利)라고 하였다.
이미 그렇게 태어나서 어머니의 총명함보다 수승하다는
것을 세인(世人)들이 모두 다 같이 알게 되어 사리불(舍利弗)

---

54) 『註般若波羅蜜多心經』(『卍續藏』26, 720쪽. 하22.)

이라고 부르게 되었다.

　불(弗)은 범어로 이것을 번역하면 자식(子)이라고 한다.

　그러므로 사리자(舍利子)라고 말하면 총명제일로서 부처에게 출가하여 아라한과를 체득하고 부처와 같이 대담(對談)을 하므로 그 이름을 부르게 된 것이다.

2) 色不異空 空不異色에 대하여 알아보면,

색(色)은 공(空)과는 다르지 않고(색에 대한 차별심이 없게 되고), 공(空)도 역시 색(色)과는 다르지 않고(색이 청정하므로 진실한 실상의 색이)라고 하였는데 이것을 설명하려면 색을 중생심의 색(色)과 불심(佛心)의 색으로 분리하여야 하는 것이다.

중생심의 색(色)에서 불심(佛心)의 색(色)으로 되는 것을 공(空)이라는 언어를 사용하여 나타낸 것일 뿐이다. 왜냐하면 허공과 같이 청정한 것을 설명하기 위하여 나타낸 것이 공(空)이라는 언어인데 잘못하면 공병(空病)에 빠질 수도 있는 것을 경계해야 한다.

색(色)과 공(空)이 다르지 않다 라고 한 것은 색을 불심(佛心)의 색으로 보게 하려고 이와 같이 설명하여 오온(五蘊)이 공(空)이라는 것을 다시 증명하고 있는 것이다.

그러면 선사들께서 해석한 것을 번역하여 보면 다음과 같다.

대전께서는 색불이공을 다음과 같이 설했다.

色與空一種, 上至諸佛, 下至螻蟻, 各各本來總是空.[55]

색(色)과 공(空)은 한 가지(一種)로서 위로는 제불(諸佛)에

---

55) 『般若心經註解』卷1(『卍續藏』26, 949쪽. 중11.)

서 시작하여 아래로는 미물(微物)에 이르기 까지 각각 본래부터 모두가 공(空)인 것이다.

혜충께서는 다음과 같이 설했다.

色不異空,
忠云, 凡夫妄執自心, 更於心外見色. 不知色因心有, 推心本無 色因何立. 故云, 色不異空.
空不異色,
忠云, 凡夫背心取法, 將謂心外, 有空不知, 空因心生. 但悟自心 無空可得 空色不異. 故云, 空不異色.56)

색불이공에 대하여 혜충국사(?-775)께서 말씀하시기를, 범부들은 자기의 마음을 망집(妄執)하므로 다시 마음 밖에서 색(色)을 보는 것이다.

색으로 인하여 마음이 있다는 것을 알지 못하고 근본적으로 없는 마음을 받들면서 색(色)으로 인한 것을 건립한 것이다. 그러므로 색(色)은 공(空)과는 다르지 않게 되는 것(色不異空)이라고 하는 것이다.

공불이색(空不異色)에 대하여 혜충국사(?-775)께서 말씀하시기를, 범부들은 불심(佛心, 본심)을 위배(違背)하면서 법(法)을 취하는 것을 마음 밖에서 하려고 하니 공(空)이

---

56) 『三註般若波羅蜜多心經』(『卍續藏』 26, 798쪽. 상21.)

있다는 것을 알지 못하고 공(空)으로 인하여 마음이 생기는 것이라고 하는 것이다.

　단지 자기의 망심(妄心)만 깨달으면 공(空)이 없는 것을 바르게 체득하게 되므로 공과 색(空色)은 다르지 않게 되는 것이다. 그러므로 '공은 색과 다르지 않다(空不異色)'고 하는 것이다.

자수선사회심(1077-1132, 혜림혜심)께서 색불이공과 공불이색에 대하여 다음과 같이 설했다.

深云, 色不異空, 空不異色者, 幻有之色, 故不異空. 空本隨
緣, 故不異色. 凡夫迷此, 色空之理, 所以見空, 為斷空見色,
為實色, 今欲明一切諸法, 與真空之理, 其體本同. 遂先擧色
之一法, 為首餘四蘊, 可以例諸.[57]

자수선사회심(1077-1132, 혜림혜심)께서 말씀하시기를, 색불이공 공불이색(色不異空, 空不異色) 이라는 것은 환상이 존재한다고 하는 것이 색(色)이므로 공(空)과 다르지 않다는 것이다. 공(空)은 본래부터 인연법(因緣法)을 따르는 것이므로 색(色)과는 다르지 않다고 하는 것이다.

범부들은 이 색공(色空)의 도리를 잘 알지 못하고 공(空)을 보려고 하는 것(見空)이고, 단공(斷空)[58]으로 색(色, 사물)을

57) 『三註般若波羅蜜多心經』(『卍續藏』 26, 798쪽. 중3.)
58) 『宗鏡錄』卷2(『大正藏』48, 426쪽. 하28.) : 「鈔釋云. 空有稱真之理者, 此空是
外空. 若以理空對外空, 外空離法, 是斷滅空. 理空即名為真空. 若以外空亦心現,
亦由對色. 滅色方顯, 則此斷空. 從緣無性, 即性空也. 故十八空中明大者, 謂十方
空, 即十方虛空. 亦是性空矣. 所以千聖付囑, 難遇機緣. 若對上根, 豁然可驗.」
『華嚴經探玄記』卷4 「6 明難品」(『大正藏』35, 180쪽. 상3.) : 「大品云. 非以空
色 故名色空 但以色即是空 空即是色. 解云. 以即色之空方是真空非斷空故此非
凡智境也.」
『大方廣佛華嚴經隨疏演義鈔』卷10(『大正藏』36, 71쪽. 하18.) : 「但翻云空不
即色, 以即色故, 亦有三義. 一空不即色, 斷空不即色, 以真空必不異色故. 二空不
即色, 以空理非青黃故非色, 青黃之真., 不異青黃. 故云即色. 三空不即色,
空是所依故不即色, 必與能依為所依. 故云即色也.」
『大方廣佛華嚴經隨疏演義鈔』卷20(『大正藏』36, 152쪽. 중24.) : 「疏. 及空有
稱真之理者, 此空是外空. 若以理空對外空, 外空離法是斷滅空. 理空即事名為真

보는 것을 실색(實色)이라고 한다.

지금 일체(一切)제법(諸法)을 명확하게 알고자 하면 진공(眞空)의 도리와 같은 것으로 그것의 본체와 같은 것이라고 알아야 한다.

먼저 색(色)이 하나의 진여법(一法)이 되는 것에 따라서 나머지 4개의 온(蘊)도 진여법이 되는 것을 설명하면 모두가 그렇게 진여법이 되는 것이다.

空. 若以外空亦心所現, 亦由對色滅色方顯, 則此斷空從緣無性, 即性空也. 故十八空明大空者, 謂十方空, 即十方虛空, 亦是性空矣. 是故疏云空有稱真之理. 即有之空皆性空也.」

『大方廣佛華嚴經隨疏演義鈔』卷20(『大正藏』36, 154쪽. 하12.):「若離因果以明空者, 是斷空故. 第三三禪.」

『大方廣佛華嚴經隨疏演義鈔』卷79「如來出現品」(『大正藏』36, 615쪽. 중2.):「若離於緣復論何性, 離緣有性是斷空故.」

『十二門論宗致義記』卷1(『大正藏』42, 215쪽. 하17.):「論云. 有為法空, 以從緣生故. 又此是真空, 非斷空故. 若待滅緣生方為空者, 是則情中惡取空也.」

『華嚴經明法品內立三寶章』卷2(『大正藏』45, 623쪽. 하20.):「問真空與斷空何別. 答略有四別. 一約境, 謂真空不異色等名法理空也. 斷空在色等外, 及滅色方為空, 名為斷滅空也. 二約心, 謂真空聖智所得, 比證等不同也. 斷空情謂所得世人所知也. 三約德用, 謂觀達真空必伏滅煩惱, 令成王行入位得果. 若緣念斷空成斷滅見, 增長邪趣入外道位, 顛墜惡趣.」

『註華嚴法界觀門』卷1(『大正藏』45, 684쪽. 상5.):「答曰. 吾聞諸圭山云, 凡夫見色為實色, 見空為斷空. 內為筋骸所梏, 外為山河所眩, 故困踖於迷塗, 局促於轅下, 而不能自脫也. 於是菩薩開真空門以示之. 使其見色非實色, 舉體是真空, 見空非斷空, 舉體是幻色(真法). 則能廓情塵而空色無礙. 泯智解而心境俱冥矣菩薩曰, 於理則見矣. 於事猶未也.」

제바께서는 다음과 같이 설하고 있다.

色不異空,

即色從空而生, 念念遷滅. 滯心即有質, 通情照觀, 則畢竟
無形, 當知妄情非是究竟. 凡夫滅色, 始得言空. 菩薩不妨參
羅, 了達色空一體. 故言色不異空也.

空不異色,

即空中生色, 緣會故名色. 緣散故言空. 色不因空, 不能生
長, 生*空不因色, 則不立名. 欲顯其源, 要須相藉. 故言空不
異色也.[59] ＊生字疑剩.

색불이공(色不異空)은 즉(即) 색(色, 현상, 존재)이 공(空)
에 의하여 무자성(無自性)의 색(色)으로 생겨(生)나지만 생각
마다(念念) 항상 변하고 사라지는 것이다.

마음이 응체(凝滯, 집착하는 것이 있는 것)되면 곧 본질(本
質)이 있는 것이고 중생심의 근원을 통달하여 관조(觀照)하면
필경에는 집착하는 형체(形體)가 없게 되니 마땅히 그릇된
견해(妄情)가 구경(究竟)에는 없게 되는 것이다.

범부들은 색(色, 존재)이 실제로 없게 되어야 비로소 공(空)
이라고 말하지만 보살(菩薩)은 삼라만상에 장애를 받지 않으
므로 색(色)과 공(空)을 일체(一體)로 요달(了達)하는 것이다.
그러므로 색은 공과 다르지 않다고 하는 것이다.

---

59) 『註般若波羅蜜多心經』(『卍續藏』26, 721쪽. 상6.)

공불이색(空不異色)은 즉(卽) 공(空)중에서 색(色)이 생겨나서 인연(因緣)이 합쳐서(會) 이루어진 것을 색(名)이라고 말하는 것이고, 인연이 흩어지는 것을 공(空)이라고 하는 것이다.

색(色)은 무자성(無自性)의 공(空)으로 인한 것이 아니면 능히 생장(生長)할 수 없는 것이고, 공(空)이 생긴 것은 색(色)으로 인하여 생긴 것이 아니므로 즉 이름으로 표현할 수가 없는 것인데, 그 기원(起源)을 나타내고자 하여 반드시 서로 기록한 것뿐이다. 그러므로 공(空)은 색(色)과 다르지 않다고 하는 것이다.

＊ 색(色)이 공(空)으로 인하여 생장한다는 것은 어느 누구에게나 평등하다는 것이다. 색(色)이 어느 누구에게 고정된 것이면 자유의 종교(宗敎)가 아닌 유일신의 종교(從敎)가 되는 것이다.

3) 色卽是空 空卽是色에서 색(色)에 대하여 차별분별하는 망념이 없게 되면 바로 공(空)이 되고(색에 대한 차별심이 없으므로 청정하게 되고), 공(空)이라는 집착도 없으므로 바로 실상이 되는 것이고(청정하므로 진실한 색이 되고)라고 한 것은, 중생심의 색이 불심(佛心)의 색으로 전환되기에 공(空)이라고 설한 것이고, 불심(佛心)의 색이 되었기에 공(空)의 입장에서 모든 실상이 불심(佛心)의 색으로 전환되어진 것을 공즉시색이라고 하는 것이다.

선사들께서 해석하신 것을 보면 다음과 같다.

대전께서 색즉시공에 대하여 다음과 같이 설했다.

眼是色不能見, 只是眞空能見. 耳是色不能聞, 只是眞空能聞. 分爲四萬八千, 見聞覺知, 總歸六根. 色空不異, 眞空玅理.[60)]

(색즉시공에서) 중생심의 눈으로는 색(色)의 진실을 능히 친견할 수 없고 단지 진공(眞空)이 되어야 능히 (눈으로)친견할 수 있는 것이다.

중생심의 귀로는 색(色)의 진실한 소리를 능히 들을 수 없고 단지 진공(眞空)이 되어야 능히 (귀로)들을 수 있는 것이다.

차별분별하니 팔만사천의 중생심으로 견문각지(見聞覺知)하는 것이지만 모두가 육근(六根)으로 돌아가면 진공의 지혜가 나타나는 것이다.

이것이 색과 공이 다르지 않은 것은 진공(眞空)의 현묘한 지혜로 생활하여야 하는 도리인 것이다.

---

60) 『般若心經註解』卷1(『卍續藏』26, 949쪽. 중12.)

혜충께서는 다음과 같이 설했다.

色卽是空.
忠云, 心起故卽色, 心不可得, 故卽空. 故色卽是空.
空卽是色.
忠云, 前云, 心起故卽色, 心不可得, 故卽空. 猶是空色, 因心所生, 今卽不然. 心正有之時, 卽是空心. 正無之時, 卽是有. 何以故, 且如衆生之心. 正生之時, 實無生處卽是, 卽色卽空. 心正無之時, 現能應用卽是, 卽空卽色. 先擧身心, 一切萬法, 例皆如是, 故云, 空卽是色也.[61]

색즉시공에 대하여 혜충국사(?-775)께서 말씀하시기를, 마음이 일어나므로 (차별의)색이 되는 것이나 마음은 불가득(不可得)이므로 공(空)인 것이다. 그러므로 색(色)이 바로 공(空)인 것이다.

공즉시색에 대하여 혜충국사(?-775)께서 말씀하시기를, 앞에 말한 것처럼 "마음이 일어나므로 색(色)이 되는 것이고 마음은 불가득(不可得)이므로 공(空)이다."라고 한 것은 비유하면 공이 색(空色)이 되는 것으로 마음에 따라 소생(所生)하는 것이나 지금은 그렇지 않다.

마음에 정법(正法)이 있으면 공심(空心)인 것이다. 마음에 정법(正法)이 없으면 (차별의)색(色)이 있게 되어 망념(妄念)

---

61) 『三註般若波羅蜜多心經』(『卍續藏』 26, 798쪽. 중8.)

이 있는 것이다.

왜냐하면 장차 중생심이 생기기 때문이다. 정념(正念)이 생기면 진실로 생긴 곳이 없게 되는 것이 바로 이것으로 색(色)이 바로 공(空)이다.

마음에 정법(正法)이 없게 되면 나타나는 현상들을 능히 응용(應用)하게 되는 것이 이것이므로 근원적인 신심(身心)을 제시(提示)하여 일체 만법과 모두를 여시(如是)하게 해야 하는 것이다. 그러므로 말하기를 공즉시색(空即是色)이라고 하는 것이다.

부용선사도해(1043-1118)께서는 다음과 같이 설했다.

楷云, 色不異空, 乃至空即是色者, 色空二字, 包一切法, 混同一體, 真不二法門.[62]

부용선사도해(1043-1118)께서 말씀하시기를, 색불이공에서 공즉시색까지를 보면 색공(色空) 이 두 글자에는 일체법(一切法)이 포함되어 있는 것으로 혼돈(混沌, 混淆)이 되어 일체가 되고 동일하게 되어야 진실로 불이법문(不二法門)인 것이다.

자수선사회심(1077-1132, 혜림, 혜심)께서는 다음과 같이 설했다.

深云, 色即是空, 空即是色者, 色已當體是空, 空亦當體是色, 即色之空. 所曰, 真空即空之色. 故曰, 真色, 真色無形, 處處華紅柳綠. 真空絶跡, 頭頭水濶山高.[63]

자수선사회심(1077-1132, 혜림, 혜심)께서 말씀하시기를, 색즉시공, 공즉시색이란 색(色)을 버리면 당체(當體)는 공(空)이고, 공(空)도 또한 당체(當體)는 색(色)이므로 색(色)이 공(空)인 것이다. 그리하여 진공(眞空)이 즉 공(空)이고

---

62)『三註般若波羅蜜多心經』(『卍續藏』 26, 798쪽. 중17.)
63)『三註般若波羅蜜多心經』(『卍續藏』 26, 798쪽. 중19.)

색(色)인 것이다.

그러므로 말하기를, 진색(眞色)이고 진색(眞色)은 무형(無
形)이니 처처(處處)에 꽃은 붉고 버들은 푸르다. 진공(眞空)은
각각마다 종적이 끊어 졌으니 바다는 광활하고 산은 높은
것이다.

제바께서는 다음과 같이 설했다.

色卽是空, 卽色法妄質, 色性體空性, 不以滅色始空. 故言
色卽是空. 空卽是色, 萬像參羅, 皆從空出, 言亦得言卽色.
注心觀空, 見有空體, 豈非空卽是色. 存吾之者, 著空不空,
忘我之人, 無空無有, 意顯清混. 故言空則是色.[64]

색즉시공(色卽是空)에서 색법(色法)은 본질이 허망(虛妄)
한 것이고 색성(色性, 색의 본성인 마음, 심법)의 본체가
공성(空性, 공의 본체)이므로 색(色)이 없어지는 것을 공(空)
이라고 하는 것은 아니다. 그러므로 색(色)이 바로 공(空)인
것이다.

공즉시색(空卽是色)에서 삼라만상은 모두가 공(空)에서
나온 것으로 말을 하면 역시 언어문자로 얻게 되어 곧 색(色)이
되는 것이다.

전념(專念, 注心)하여 공(空)으로 관조(觀照)하면 공(空)의

---

64) 『註般若波羅蜜多心經』(『卍續藏』26, 721쪽. 상15.)

본체(本體)로 존재하는 것을 보는 것인데 어찌 공즉시색이 아니라고 할 수 있겠는가?

아상(我相)을 가지고 관조(觀照)하는 이는 공(空)과 불공(不空)을 집착하는 것이고, 아상(我相)을 버린 사람은 공(空)도 없고 유(有)도 없는 것이니 의지(意旨)가 청정한 혼돈(混沌)을 나타내는 것이다. 그러므로 공(空, 청정함)이 바로 색(空卽是色)인 것이다.

＊ 이것을 풀이하면 삼라만상이라는 만법이 모두 공(空)에서 나왔다고 하는 이 말은 차별분별의 중생심으로 보지 않으면 만법이 청정한 공(空)이 된다는 말을 하는 것이고 언어문자로 얻게 된다는 것은 언어문자로 만법(萬法)을 말하여도 이제부터는 청정한 만법의 색이 되는 언어긍정을 말하는 것이다.

4) 受想行識 亦復如是에서

수상행식도 위와 같이 모두가 공(空)이라는 것을 다음과
같이 설하고 있다.

대전께서는 수상행식을 다음과 같이 설하고 있다.

因有眼故, 便受其色, 因有色故, 便受其想, 因有想故, 便受
其行, 因有行故, 便受其識,[65] 因有識故, 便有六根名相. 隨聲
逐色, 流浪生死, 終無止住. 若要生死斷, 但從一根照破, 當下
空寂. 直下承當, 空劫以前自己, 寂而常照, 照而常寂. 寂無所
寂, 唯見於空. 空無所空, 八萬四千塵勞妄想, 一時頓息. 人亦
空, 法亦空. 言語道, 心行處滅, 動念即乖, 安排即錯.[66]

수상행식에서 눈(眼)이 있으므로 인하여 바로 그것을 색
(色)으로 받아들이는 것이고, 색(色)이 있으므로 인하여 바로
그 상(想)을 받아들이는 것이고, 상(想)이 있으므로 인하여
바로 그 행(行)을 받아들이는 것이며, 행(行)이 있으므로 인하
여 바로 그것을 인식(認識)하게 되는 것이고, 인식(認識)이
있으므로 인하여 바로 육근(六根)의 명상(名相)이 있는 것이
다.

소리에 따르고 사물(色, 만법)에 얽매여서 생사(生死)에

---

65) 『般若心經添足』卷1(『만속장』26, 873쪽. 상22.): 「識者, 心王也.(真妄和合, 名
之爲識. 由過去惑業相牽, 致令此神識, 投托母胎.)」
66) 『般若心經註解』卷1(『卍續藏』26, 949쪽. 중15.)

유랑(流浪)하게 되어 끝내 멈출 수가 없게 되는 것이다.

만약에 망념의 생사(生死)를 단절하고자 하면 단지 하나의 근(根)에서 부터 반조(返照)하여 파괴(破壞)하면 즉시 그 자리에서 바로 공적(空寂)하게 되는 것이다.

곧바로 깨달아 받아들이게 되어 공겁이전의 자신의 본래면목을 알게 되면 적정하게 항상 관조(觀照)하게 되고, 관조(觀照)하므로 항상 열반적정이다.

열반적정은 열반적정이라는 대상에도 집착을 하지 않아야 오로지 공(空, 본래심, 진여)으로 친견하는 것이다.

그리고 공(空)도 의식의 대상으로서의 집착이 없는 공(空)이 되어야 팔만사천의 번뇌(煩惱)망상(妄想)이 일시(一時)에 바로 쉬게 되는 것이다. 인아(人我)상(相)도 역시 공(空)하고 법집(法執)도 역시 공(空)하게 되는 것이다.

역부여시는 이곳에서 언어도단(言語道斷)이고, 마음으로 행할 곳이 없게 되고(心行處滅), 동념즉괴(動念卽乖), 안배즉착(安排卽錯)이 되는 것이다.

* 무소공, 무소적, 무소유를 설명하는 것이고 오온이 공인 것을 언어문자로 표현하는 것이 불립문자(不立文字), 이심전심의 경지이므로 의심즉차라고 하고 있다.

혜충께서는 수상행식, 역부여시, 사리자, 시제법공상에
대하여 다음과 같이 설하고 있다.

受想行識, 亦復如是, 舍利子, 是諸法空相.
忠云, 非唯五蘊, 但了心空, 諸法自空. 故云, 是諸法空相
也.[67]

수상행식, 역부여시, 사리자, 시제법공상에 대하여 혜충국
사(?-775)께서 말씀하시기를, 오로지 오온(五蘊)을 초월하
여서 단지 중생심의 마음이 공(空)이라고 요달하여 깨닫게
되어 제법(諸法)은 스스로 공(空)하게 되는 것이다. 그러므로
제법(諸法)은 공상(空相)인 것이다.

부용선사도해(1043-1118)께서는 다음과 같이 말씀하셨
다.

楷云, 受想行識, 亦復如是者, 與色空不異, 前說心經大意,
至下文詳說, 老婆心如此.[68]

부용선사도해(1043-1118)께서 말씀하시기를, 수상행
식, 역부여시는 색(色)이 공(空)이라는 것과 다르지 않은 것으
로 앞에 설한 심경의 대의(大意)를 설한 것에서부터 아래에

---

67) 『三註般若波羅蜜多心經』(『卍續藏』 26, 798쪽. 중23.)
68) 『三註般若波羅蜜多心經』(『卍續藏』 26, 798쪽. 하2.)

자세하게 설한 문장들은 노파심(老婆心)으로 이와 같이 설한 것이다.

자수선사회심(1077-1132, 혜림, 혜심)께서는 다음과 같이 말씀하셨다.

深云, 受想行識, 亦復如是者, 不獨色之一法, 以至受想行識, 咸皈真空之理. 舍利子是諸法空相者, 再呼舍利子者, 欲明不獨, 五蘊之法, 以至生滅垢淨, 咸皈真空之理.[69]

자수선사회심(1077-1132, 혜림혜심)께서 말씀하시기를, 수상행식도 역시 이와 같다는 것은 비단 색(色)이 일법(一法, 진여법)이라는 것뿐만 아니라 수상행식 까지가 모두 진공(眞空)의 도리로 귀결되는 것이다.

사리자 시제법공상이라는 것에서 다시 사리자를 부르는 것은 비단 오온(五蘊)의 법을 밝히고자 하는 것뿐만 아니라 생멸(生滅), 구정(垢淨)이 모두 진공(眞空)의 도리(道理)로 귀결되는 것을 밝히고자 한 것이다.

제바께서는 다음과 같이 말씀하셨다.

受想行識, 亦復如是. 一蘊既爾, 餘四亦然. 故言亦復如

---

69) 『三註般若波羅蜜多心經』(『卍續藏』 26, 798쪽. 하4.)

是.[70]

수상행식, 역부여시는 하나의 음(陰, 蘊)이 이미 이와 같으면 나머지 4개의 음(陰)도 역시 그와 같은 것이다. 그러므로 역시 다시 이와 같은 것이라고 한 것이다.

---

70) 『註般若波羅蜜多心經』(『卍續藏』26, 721쪽. 상22.)

4. 舍利子, 是諸法空相, 不生不滅, 不垢不淨, 不增不減.
(사리자 시제법공상 불생불멸 불구부정 부증불감)

사리자(그대)여 이것이 바로 제법(諸法)이 모두 공(空)한 모습이라는 것으로 불생불멸(不生不滅)이고, 불구부정(不垢不淨)이며, 부증불감(不增不減)이 되는 것이다.

1) 舍利子 是諸法空相에서 사리자여 이것이 바로 제법(諸法)이 공(空)한 모습이라고 한 것은 오온(五蘊)이 모두 공(空)이 되었으므로 자신의 의식인 제법(諸法), 만법(萬法)이 공(空)으로 되어 의식의 대상경계인 만법(萬法)도 모두가 청정하게 보이게 되는 것이다. 이 말은 부처님이 말씀하신 "나는 한 중생도 구제(救濟)하지 않은 중생(衆生)이 없다." 라는 말과 일맥상통하는 것이다.

그러므로 만법(萬法)이 공상(空相)인 것이고 공상(空相)이므로 불생불멸, 불구부정, 부증불감이라고 하는 것이다.

이제 지혜가 싹이 트기 시작하므로 문수동자, 아기부처라고 하여 모두가 존경하는 초발심(初發心, 佛心으로 전환하는 지혜)하는 이것을 정각(正覺)이라고 하는 것이다.

너무 쉽게 풀이하면 자만하기 쉬운 일이지만 지금의 시절은 너무 혼탁하여 풀지 않으면 모르게 되어 파괴하려고 외도들이 설쳐대니 할 수 없이 하는 일이지만 공(空)을 너무 깊게 파고들어 무(無)나, 석공(釋空)으로 알지는 않아야 한다.

대전께서 시제법공상을 다음과 같이 설했다.

若能徹底無依, 直下承當, 亦無人, 亦無佛.

만약에 능히 철저하게 무의도인(無依道人)이 되면 곧바로 승당(承當)하게 되니 역시 인아(人我)상(相)이 없는 것이고, 역시 대상으로 아는 부처는 없게 되는 것이다.

제바께서는 다음과 같이 설했다.

舍利子, 是諸法相空*. * 相空經作空相
此則疊前所說, 印一切法, 同空性相.[71]

사리자여 이것이 제법(諸法)의 모습이 공(空)한 것이다. 이것은 곧 앞에서 설한 것과 중첩되는 것으로 일체법(一切法)이 공성(空性)인 모습과 똑같다고 인가(印可)하는 것이다.

---

71) 『註般若波羅蜜多心經』(『卍續藏』26, 721쪽. 상24.)

2) 不生不滅은 오온(五蘊)이 공(空)이라는 관점에서 만법(萬法)을 보면 이 세상에 존재하는 모든 것들이 청정하게 보이고 번뇌망념이 하나도 생기는 것이 없게 되므로 불생(不生)이라고 하는 것이고, 불멸(不滅)이라고 하는 것은 청정한 만법(萬法)에서 이제부터는 번뇌망념의 만법(萬法)으로 되돌아가지 않게 되므로 불퇴전의 경지에서 살아가게 되는 것을 불멸(不滅)이라고 하는 것이다.

불생불멸(不生不滅)을 왜 성자(聖者)의 지위(地位)나 경지라고 하느냐 하는 것은 이것 때문인 것이다.

만약에 불생(不生)이기 때문에 불멸(不滅)이라고 하는 것은 불생(不生)이 아니면 불멸(不滅)도 아니라는 말이 되어 불생(不生)에 얽매일 수 있는 것이다.

생멸(生滅), 생사(生死)는 윤회하는 모습으로 번뇌망념이 생겼다가 사라지는 것을 나타내는 말이고 무생멸은 번뇌망념의 생멸(生滅)이 없다는 것이다.

여기에서 불생불멸(不生不滅)은 번뇌망념의 생멸(生滅)을 초월한 공(空)의 경지에서 살아가는 것을 나타내는 것이다.

대전께서는 불생불멸(不生不滅)을 다음과 같이 설했다.

四大五蘊, 從它虛生虛沒, 於自己法身, 總無交涉. 和光塵
不染, 三界獨爲尊. 此長劫虛空, 不壞之身. 會麽. 竹影掃堦塵
不動, 月輪穿海水無痕.[72]

사대(四大)와 오온(五蘊)도 망념에 의하여 허망(虛妄)하게
생기고 허망하게 사라지는 것으로 자기의 법신(法身)과는
모두가 아무 상관없는 것이다.

진여의 지혜와 화합하면 번뇌에 오염되지 않으므로 삼계
(三界)에서 독자적으로 생활하므로 존귀한 것이다.

이것은 장겁(長劫)동안에도 허공(虛空)과 같으므로 파괴되
지 않는 지혜의 법신(法身)인 것이다. 알겠는가?

대나무 그림자로 섬돌의 먼지를 청소해도 먼지는 부동(不
動)이고, * (법신은 不動, 번뇌망념의 근본은 없는 것)

둥근 달이 물을 투과해서 비춰도 흔적을 남기지 않는 것이
네.

---

72) 『般若心經註解』卷1(『卍續藏』26, 949쪽. 중23.)

『密菴和尙語錄』卷1(『대정장』47, 961쪽. 중27.): 「良久云, 竹影掃階塵不動,
月穿潭底水無痕.」

『續傳燈錄』卷19(『대정장』51, 592쪽. 하26.): 「竹影掃堦塵不動, 月穿潭底水
無痕.」

『金剛經註解』卷3(『卍續藏』24, 800쪽. 상12.): 「川禪師曰. 喚牛卽牛, 呼馬卽
馬. 頌曰, 借婆衫子拜婆門, 禮數周旋已十分, 竹影掃堦塵不動, 月輪穿海水無
痕.」

제바께서는 다음과 같이 설했다.

不生不滅, 即於法性中, 本自不生. 今即無滅, 無終無始. 故言不生不滅.[73]

불생불멸(不生不滅)은 즉 법성(法性) 중에서 본래 제법(諸法)에 대한 망념(妄念)이 생기는 것이 아니다. 지금 바로 망념이 사라지는 것도 없는 것이므로 시작도 끝도 없는 것이다. 그러므로 제법(諸法)은 생기는 것도 없고 사라지는 것도 없는 것이다.

---

73) 『註般若波羅蜜多心經』(『卍續藏』26, 721쪽. 중2.)

3) 不垢不淨은 오온이 공(空)이므로 만법(萬法)이 번뇌망념으로 오염되지 않게 되는 것을 불구(不垢)라고 하는 것이고, 만법(萬法)은 처음부터 청정했기 때문에 다시 청정하게 할 필요가 없다는 것을 부정(不淨)이라고 하는 것이다.

대전께서는 불구부정을 다음과 같이 설했다.

衆生法身, 清淨無瑕, 無染無汚, 壞不得, 燒不得, 如蓮華不著水, 心清淨.[74]

중생들의 법신(法身)도 청정(清淨)하여서 흠(瑕)이 없는 것이고, 오염되지 않은 것이고, 더럽지도 않고, 파괴할 수도 없는 것이고, 태워서 없앨 수도 없는 것이 연꽃이 물에 젖지 않는 것 처럼 마음(佛心)은 청정(清淨)한 것이다.

제바께서는 다음과 같이 설했다.

不垢不淨.
一切法生者是垢, 滅者是淨. 若我人見者, 即有淨, 有不淨. 解脱之人, 無淨, 無不淨. 故言不垢不淨也.[75]

불구부정(不垢不淨)에서 일체법(一切法)이 생기는 것을

---

74) 『般若心經註解』卷1(『卍續藏』26, 949쪽. 하1.)
75) 『註般若波羅蜜多心經』(『卍續藏』26, 721쪽. 중5.)

더러움(垢, 때, 망념)이라고 하고, 사라진다(滅)고 하는 것을 청정(淸淨)이라고 하는 것이다.

만약에 인아견(人我見)을 가진 사람은 곧 청정(淸淨)과 부정(不淨)의 견해가 있게 되는 것이다. 해탈한 사람은 청정(淸淨)도 없고 부정(不淨)도 없게 되는 것이다. 그러므로 더러움도 없고 청정함도 없다고 하는 것(不垢不淨)이다.

3) 不增不減은 오온(五蘊)이 공(空)이므로 만법(萬法)은 모두가 청정(淸淨)하게 되어 어느 누구에게나 평등(平等)하여 조금의 차별도 없게 되므로 '천상천하유아독존'이라고 한 것이다.

부증불감(不增不減)이므로 늘지도 줄어들지도 않으니 누구든지 부처이고 평등한 자유인이라는 것을 강조하고 있는 것이다. 지금부터 새로운 불국토가 건설되는 것이다.

대전께서는 부증불감(不增不減)을 다음과 같이 설했다.

虛空之體, 在聖而不增, 在凡而不減, 如如不動, 無欠無餘.[76)]

허공(虛空)의 본체(本體)는 성자(聖者)에게 있어서도 늘어나는 것이 아니고, 범부에게 있어서도 감소하는 것이 아니며, 어디에서나 여여(如如)하여 부동(不動)한 것이니 모자라거나 넘치는 것이 없다.

---

76) 『般若心經註解』卷1(『卍續藏』26, 949쪽. 하3.)

제바께서는 다음과 같이 설했다.

不增不減,
他方入此無礙, 則不增. 廣濟有情不虧, 名不滅. 故言不增
不減.[77]

부증불감은 타방(他方)에서 이곳(피안)에 들어오는 것도
장애가 없는 것이므로 즉 늘어나는 것도 없는 것이다.
그리고 널리 유정(有情)들을 구제(救濟)하여도 줄어드는
것이 아니므로 사라지는 것이 아니라(不滅)고 하는 것이다.
그러므로 늘어나는 것도 없고 줄어드는 것도 아니라고
하는 것이다.

---

77) 『註般若波羅蜜多心經』(『卍續藏』26, 721쪽. 중8.)

혜충께서는 불생불멸, 불구부정, 부증불감을 다음과 같이 설했다.

不生不滅, 不垢不淨, 不增不減.
忠云, 諸法是心, 心無體段, 有何生滅, 垢淨增減.[78]

불생불멸 불구부정 부증불감을 혜충국사(?-775)께서 말씀하시기를, 제법(諸法)이 바로 불심(佛心)의 지혜로 생활하는 것이니, 이 마음(佛心)에는 본체라는 조각도 없는데 어찌 생멸(生滅)이 있겠으며 더럽고 청정하고 증감(增減)이 있겠는가?

부용선사도해(1043-1118)께서는 다음과 같이 설했다.

楷云, 舍利子, 乃至不增不減者, 此再喚舍利子, 明本圓自性
同大虛, 無所從來, 生箇甚麼. 亦無所去, 滅箇甚麼. 淨亦不主
垢, 從何來垢. 本無依淨, 從何立增著. 即頭上安頭. 滅著即斬
頭覓活, 所謂萬法不修, 元具足也.[79]

부용선사도해(1043-1118)께서 말씀하시기를, 사리자 부터 부증불감까지 에서 이와 같이 다시 사리자를 부른 것은 근본적으로 원명한 자성(自性)이 대(大)허공과 같다는 것을

---

78) 『三註般若波羅蜜多心經』(『卍續藏』26, 798쪽. 하8.)
79) 『三註般若波羅蜜多心經』(『卍續藏』26, 798쪽. 하10.)

윤회를 벗어나는 반야심경 123

밝힌 것이어서 어디에서 온 것도 없는데 생기는 것이 어디에 있겠는가? 라고 한 것이다. 역시 가는 것이 없는데 사라지는 무엇이 있겠는가?

청정(清淨) 역시 더러움의 주(主)가 아닌데 무엇을 따라 더러움이 올 수 있겠는가? 근본적으로는 청정(清淨)의 의지처가 없는 것인데 무엇을 따라 증착(增著)이 있겠는가? 즉 머리 위에 머리를 얹는 것이 된다.

멸착(滅著)도 즉 머리를 없애고 머리를 찾으면서 소생하게 되는 것이므로 소위 만법(萬法)은 수증(修證)하는 것이 아니라 원래부터 구족 되어 있는 것이 된다.

자수선사회심(1077-1132, 혜림, 혜심)께서는 다음과 같이 설했다.

深云, 不生不滅者, 諸法從緣生, 真空不生. 諸法從緣滅, 真空不滅. 佛云, 一切法不生, 一切法不滅, 若能如是解, 是名真見性也. 凡夫迷此, 空寂之體內, 為筋骸所桎, 外為山河所眩. 故見有生滅也. 不垢不淨者, 生滅已乃 不真垢淨 安可得耶. 不增不減者, 譬如有人, 於虚空中, 畫作種種色相, 反作種種音聲, 然彼虚空 終無受入, 變動之體. 未畫之時, 虚空體, 未嘗滅, 已畫之後, 虚空之體, 未曾增. 故名不增不減也.[80]

---

80)『三註般若波羅蜜多心經』(『卍續藏』26, 798쪽. 하15.)

자수선사회심(1077-1132, 혜림, 혜심)께서 말씀하시기를, 불생불멸(不生不滅)이란 제법(諸法)은 인연(因緣)에 따라 생기는 것이지만 진공(眞空)은 생기는 것이 아니다.

제법(諸法)은 인연(因緣)을 따라 소멸(消滅)되지만 진공(眞空)은 소멸되는 것이 아니다.

부처님께서 말씀하시기를, 일체법(一切法)은 불생(不生)이고 일체법(一切法)은 불멸(不滅)이라고 하셨다. 만약에 능히 이와 같이 여시(如是)하게 깨닫는 것을 이름 하여 진실로 견성(見性)하는 것이라고 하였다.

범부(凡夫)들은 이것에 대하여 미혹하여 공적(空寂)의 본체 내부에 근골(筋骸, 筋骨)이 가로 막고 있다고 하고, 외부에는 산하대지에 현혹(眩惑)되기 때문이라고 한다. 그러므로 생멸(生滅)이 있다고 보는 것이다.

불구부정(不垢不淨)은 생멸(生滅)이 이미 이와 같이 진실한 것이 아니면 구정(垢淨)이 어찌 있겠는가?

부증불감(不增不減)은 비유하면 어느 사람이 허공(虛空)중에다가 갖가지 색상으로 그림을 그리는 것이고, 온갖 음성으로 허공에다가 반작용하게 소리를 쳐도 그 허공(虛空)은 끝내 변동(變動)하는 그것의 본체(本體)를 받아들이는 것이 없는 것이다.

그림을 그리지 않았을 때에도 허공(虛空)의 본체(本體)는 일찍이 멸(滅)한 적이 없었고, 이미 그림을 그린 후에도 허공의 본체는 일찍이 늘어난 적이 없는 것이다.

그러므로 부증불감이라고 하는 것이다.

佛佛道同
祖祖如是

5. 是故, 空中無色, 無受想行識,

5-1. 無眼耳鼻舌身意, 無色聲香味觸法,

5-2. 無眼界, 乃至無意識界,

5-3. 無無明, 亦無無明盡, 乃至無老死, 亦無老死盡,

5-4. 無苦集滅道,

5-5. 無智亦無得, 以無所得故.

5. 是故, 空中無色, 無受想行識.(시고 공중무색 무수상행
식)

그러므로 공(空)에는 차별의 색(色)은 없고, 번뇌망념으로
된 차별의 수상행식(受想行識)도 없게 되는 것이고,

1) 是故, 空中無色 無受想行識에서 제법(諸法)이 공(空)한
모습이므로 공(空)으로 장엄된 청정한 만법(萬法)에는 중생
심으로 보는 차별분별의 색(色)은 없게 되어 중생심의 수상행
식도 역시 없는 것이다.

즉 자신의 만법(萬法)을 공(空)으로 정확하게 장엄하면
대상경계의 만법(萬法)은 청정하게 되어 차별의 오온(五蘊)
은 절대로 없게 된다는 것을 다시 강조하고 있는 것이다.

대전께서는 다음과 같이 설하고 있다.

棒打虛空, 空不痛, 刀碎虛空, 空不斷. 繩縛虛空, 空不住,
火燒虛空, 空不著.
 虛空之體, 安色空不受色, 安聲空不受聲. 六道四生, 一切假
名, 都無所受.[81]

　허공(虛空)은 방망이로 때려도 허공(虛空)은 아프지 않는
것이고, 칼로 허공(虛空)을 잘라도 허공(虛空)은 잘라지지
않는 것이며, 허공(虛空)을 묶어 놓으려고 해도(繫縛) 허공(虛
空)은 잡을 수가 없는 것이고, 허공(虛空)을 불로 태워도
허공(虛空)은 집착하지 않는다.(허공은 거리낌이 없다.)
　허공(虛空)의 본체(本體)에는 사물(色)을 안착(安着)시키
려고 해도 허공(虛空)은 사물(色)을 받아들이지 않고, 소리를
안착(安着)시키려고 해도 허공(虛空)은 소리를 받아들이지
않는다.
　사생(四生)과 육도(六道)가 모두 가명(假名)이므로 아무
것도 (허공과 같은 청정한 佛心에는) 받아들일 수가 없는
것이다.

---

81)『般若心經註解』卷1(『卍續藏』26, 949쪽. 하4.)

혜충께서는 다음과 같이 설하고 있다.

是故 空中無色, 無受想行識.
忠云, 法性本空. 故云, 空中求色, 不可得. 故云, 無色推心,
不可得. 故云, 無受想行識.[82]

시고 공중무색 무수상행식을 혜충국사(?-775)께서 말씀
하시기를, 법성(法性)은 본래 공적(空寂)한 것이다. 그러므로
말하기를 공(空)중에서 차별의 색(色)을 구(求)하는 것은 불가
능한 것이다.

그러니 무색(無色)에서 마음을 추대(推戴)하는 것도 불가
능한 것이다. 그래서 수상행식도 없다고 하는 것이다.

부용선사도해(1043-1118)께서는 다음과 같이 설하고 있다.

楷云, 無五蘊.[83]

부용선사도해(1043-1118)께서 말씀하시기를, 오온(五
蘊)은 없는 것이다.

자수선사회심(1077-1132, 혜림, 혜심)께서는 다음과 같
이 설하고 있다.

---

82) 『三註般若波羅蜜多心經』(『卍續藏』 26, 798쪽. 하24.)
83) 『三註般若波羅蜜多心經』(『卍續藏』 26, 799쪽. 상3.)

深云, 是故空中者, 是眞空之中也. 到者, 裏生滅垢淨增減
之法, 纖塵盡淨. 無色無受想行識者, 生滅等之法, 已不可得,
五蘊之法. 故不可知也.[84]

자수선사회심(1077-1132, 혜림, 혜심)께서 말씀하시기
를, 시고공중이라는 이것은 진공(眞空)에 정확하게 적중하였
다는 것이다.

도(到)는 생멸(生滅), 구정(垢淨), 증감(增減)하는 법의 내
부 근본이라는 것으로 미세한 번뇌까지도 청정하여진 것을
말하는 것이다.

색수상행식도 없다는 것은 생멸(生滅)하는 등의 법으로는
이미 오온(五蘊)의 법을 체득할 수 없다는 것이다.

그러므로 지식으로 아는 것은 불가(不可)하다고 하는 것이
다.

---

84) 『三註般若波羅蜜多心經』(『卍續藏』 26, 799쪽. 상4.)

제바께서는 다음과 같이 설하고 있다.

是故空中無色, 無受想行識,
是五陰屬諸識. 緣生, 緣生緣無自性, 生必憑空. 蘊受*之時,
空無增減, 蘊識生滅, 畢竟歸空. 既了諸法皆空, 卽知本來無
色. 若知色本無色, 卽知受無所受. 受無所受, 想依何想. 想既
無想, 行令誰行. 行既不行, 識欲何識. 因於幻色, 卽起受心.
因受心故, 妄想卽生. 妄想生故, 興諸業行. 行有善惡, 識有愛
憎. 愛憎之心, 由於知見. 今觀照知見 根本性空, 卽識牙不生.
識牙不生, 卽業種長謝. 業種長謝, 菩提果成. 故言無色無受
想行識.85) * 受疑色

시고공중무색 무수상행식에서 이 오음(五陰)은 모든 의식
(識)에 속(屬)한다. 인연이 생(生)하는 것에서 인연이 생(生)하
는 인연은 무자성(無自性)이니 생(生)하는 것은 반드시 공(空)
에 의하는 것이다.

음(蘊)이 받을 때에 공(空)은 증멸(增減)하는 것이 없는
것이고 음(蘊)이 생멸(生滅)을 인식(認識)하나 필경에는 공
(空)으로 돌아가는 것이다.

이미 제법(諸法)을 모두 공(空)이라고 요달하였으면 곧
본래부터 무색(無色)이라는 것을 깨닫게 되는 것이다.

만약에 색(色)을 본래 무색(無色)이라고 깨달으면 곧 수(受)

---

85) 『註般若波羅蜜多心經』(『卍續藏』26, 721쪽. 중11.)

도 무소수(無所受)라고 깨닫게 되는 것이다.

수(受)86)가 무소수(無所受)이면 상(想)87)은 무슨 상(想)을 의지할 수 있겠는가?

상(想)이 이미 무상(無想)이면 행(行)88)은 누가 행(行)하는 것이겠는가?

행(行)이 이미 불행(不行)이면 식(識)89)이 어찌 인식(認識)을 하겠는가?

환상인 색(色)90)을 인연하는 것은 즉 마음에서 탐하고자하는 욕망(受心)이 일어나기 때문이다. 마음에서 탐하고자하는 욕망(受心)을 인연하기 때문에 망념(妄念)이 생기는 것이다.

망념(妄念)이 생기기 때문에 모든 업장(業障)을 행(行)하게 되는 것이다.

행(行)에는 선악(善惡)이 있는 것이고 식(識)에는 증애(憎愛)가 있는 것으로 증애(憎愛)하는 마음은 오로지 지견(知見)으로 인하여 있는 것이다.

지금 지견(知見)을 관조하여 보면 근본적으로 본성(本性)은 공(空)한 것이니, 즉 식(識)의 뿌리가 생겨나지 않게 되는

---

86) 수(受) : 수(受)는 순정(順情)에서 망념(妄念)이 생겨서 오염된 것을 탐하는 것. 제법(諸法)을 탐구(貪求)하고 수행하여 증득(修證)하기를 희망하므로 수(受) 라고 하는 것.

87) 상(想) : 마음에 인연하는 것이 있는 것을 상(想). 제법(諸法)을 반연(攀緣, 의지함)하여 유출(流出, 흘러나옴)하므로 쉬지 못하는 것을 상(想).

88) 행(行) : 금계(禁戒)를 청정하게 수지(授持)하여 두타(頭陀)행(行)을 행(行)해야 하므로 행(行)이라고 하는 것.

89) 식(識) : 온갖 분별을 하여 법에 따라 유전(流轉)하게 되므로 식(識)이라고 하는 것.

90) 색(色) : 정명(精明, 청정)을 위배(違背)하여 항상 대상경계를 관(觀)하므로 인하여 색(色)이라고 하는 것.

것이다.

 식(識)의 뿌리가 생겨나지 않으면 즉 업(業)의 종자가 영원히 물러나게(謝) 되는 것이다.

 업(業)의 종자가 영원히 물러나게(謝) 되면 보리(菩提)의 열매가 성숙(成熟)하게 되는 것이다.

 그러므로 말하기를 색(色, 사물, 만법)도 없고 수상행식(受想行識)도 없다고 말하는 것이다.

5-1. 無眼耳鼻舌身意, 無色聲香味觸法(무안이비설신의 무색성향미촉법)

안이비설신의(眼耳鼻舌身意)도 없고, 색성향미촉법(色聲香味觸法)도 없고,

1) 無眼耳鼻舌身意에서 안이비설신의가 없다고 하는 것은 육근(六根)으로 말미암은 차별분별하는 번뇌망념이 있기 때문에 중생심의 육근(六根)으로 인하여 윤회를 하는 것이지만 지금부터는 오온(五蘊)이 모두 공(空)이 되었으므로 중생심의 육근(六根)은 없게 되는 것이다.

대전께서는 무안이비설신의를 다음과 같이 설하고 있다.

有此六根, 隨順衆生. 衆生具足法身, 法身有名無形. 在眼曰見, 在耳曰聞, 在鼻曰嗅, 在舌談論, 在手執持, 在足運奔, 全體起用, 全體法身. 非是六根, 引導衆生, 須是親見法身. 若得親見, 轉凡成聖.[91]

이 육근(六根)이 있으므로 중생들이 수순(隨順)하는 것이다. 중생들에게 법신(法身)이 구족되어 있지만 법신(法身)은 형상이 없고 이름만 있는 것이다.

눈에 있으면 본다고 말하고, 귀에 있으면 듣는다고 말하고,

---

91) 『般若心經註解』卷1(『卍續藏』26, 949쪽. 하7.)

코에 있으면 냄새 맡는다고 말하고, 혀에 있으면 말한다(談論)고 하고, 손에 있으면 잡는다고 하고, 발에 있으면 다닌다고 하고, 온몸 전체로 작용하니 전체가 법신인 것이다.

육근(六根)이 견문각지 하는 것은 아니고 중생을 인도(引導)하여 반드시 법신(法身)을 친견하게 하는 것일 뿐이다.

만약에 자신의 법신을 친견하면 범부에서 전환되어 성자가 되는 것이다.

혜충께서는 다음과 같이 설하고 있다.

無眼耳鼻舌身意.

忠云, 此名六根, 凡夫確執, 妄繫爲實, 種種惡業, 因茲而生.
故名爲根, 一一根中, 積業潤生, 恒沙罪障, 無有休息, 此六知
根以心爲本心. 若休伏根境俱空 自然明徹. 故云 無眼耳鼻舌
身意也.[92]

혜충국사(?-775)께서 말씀하시기를, 이것은 육근(六根)
으로 범부들은 확실히 집착하여 허망하게 속박되어서 진실이
라고 하니, 각각(種種)의 악업이 이것으로 인하여 생기는
것이다.

그러므로 근(根)이라고 명칭하는 것으로 각각의 근(根)중
에 업(業)이 쌓이고 계속 항하사의 죄장(罪障)이 더하여지니
쉴 수가 없는 것이다. 이 여섯 가지 근본을 깨달아 아는
마음을 본심(本心)이라고 하는 것이다.

만약에 근경(根境)이 모두 공(空)이라는 것을 깨달아 조복
시키면 자연히 명철(明徹)하게 되는 것이다. 그러므로 말하기
를 안이비설신의도 없다고 하는 것이다.

---

92) 『三註般若波羅蜜多心經』(『卍續藏』 26, 799쪽. 상7.)

부용선사도해(1043-1118)께서는 다음과 같이 설하고 있다.

楷云, 無六根.[93]

부용선사도해(1043-1118)께서 말씀하시기를, 육근(六根)도 없는 것이다.

자수선사회심(1077-1132, 혜림혜심)께서는 다음과 같이 설하고 있다.

深云, 凡夫不了自心, 心外求法, 遂成流浪. 若能一根, 已反源六, 用成休復. 然後在眼曰見, 在耳曰聞, 在鼻嗅香, 在舌知味, 在身覺觸, 在意攀緣. 又豈在閉智塞聰. 然後爲無者哉.[94]

자수선사회심(1077-1132, 혜림, 혜심)께서 말씀하시기를, 범부들은 자기의 마음을 요달하려고 하지 않고 마음 밖에서 법(法)을 구하며 끝까지 유랑하면서 성취하려고 한다.
만약에 능히 한 근(根)이라도 이미 근원으로 돌아오면(수행, 空) 육근(六根)을 활용하게 되어 반복하는 것(중생심)을 쉬게 되는 것이다.
그런 후에 눈에 있으면 본다고 말하고, 귀에 있으면 듣는다

---

93) 『三註般若波羅蜜多心經』(『卍續藏』 26, 799쪽. 상12.)
94) 『三註般若波羅蜜多心經』(『卍續藏』 26, 799쪽. 상13.)

고 말하고, 코에 있으면 냄새 맡는다고 하고, 혀에 있으면
맛을 안다고 하고, 몸에 있으면 닿는다고 하고, 생각(意)에
있으면 인연에 끌린다고 하는 것이다.

또다시 어떻게 지혜를 감추고 총명함을 막을 수 있겠는가?

그런 후에 모두(중생심의 육근)가 없게 되는 것이다.

2) 無色聲香味觸法은 색성향미촉법이 없다는 것으로 육경
(六境, 六塵)이 없다는 것이다.

제법(諸法)이 공(空)하므로 육근(六根)이 공(空)이 되었듯
이 육경(六境)은 대상경계를 말하는 것인데 자신의 육근(六
根)이 공(空)이 되었으므로 자신이 보는 대상경계는 모두가
공(空)이 되는 것이다.

자신의 만법(萬法)이 공(空)이 되는 것을 대상경계의 육경
(六境)이 없다고 하는 것이다.

대전께서는 다음과 같이 무색성향미촉법을 설하고 있다.

此六塵, 皆從一根上起, 但去一根反照, 從何而起. 若識起
處, 身非我有, 我身既無, 十八界頓然清淨.[95]

이 육진(六塵, 색성향미촉법)은 모두가 하나의 근원에서
나오는 것이므로 단지 하나의 근원만 회광반조 하면 무엇에서
일어나게(起) 되는지 알게 되는 것이다.

만약에 일어나는 곳을 알아보면 몸에 아상(我相)이 있는
것이 아니어서 나의 몸이라는 집착도 이미 없게 되니 18계가
바로 청정해지는 것이다.

---

95) 『般若心經註解』卷1(『卍續藏』26, 949쪽. 하11.)

혜충께서는 다음과 같이 설하고 있다.

無色聲香味觸法.
　忠云, 此名六塵, 因根所覽, 引起成勞, 坌汚眞智. 故名為
塵. 但能反推一根, 無有主宰, 六根無主, 塵境自亡. 故名為無
色聲香味觸法.96)

　무색성향미촉법을 혜충국사(?-775)께서 말씀하시기를,
이것을 육진(六塵, 六境)이라고 하는 것인데 근(根, 六根)으로
인하여 살펴보아 근심(勞)이 일어나게 하면 진실한 지혜(眞
智)를 미세하게 오염되게 하는 것이다. 그러므로 진(塵)이라
고 하는 것이다.
　단지 능히 한 근(根)을 가지고 돌이켜보면 주재(主宰)하는
것이 없으니, 육근(六根)은 주인이 없게 되어, 진경(塵境)은
스스로 없어지는 것이 된다.
　그러므로 말하기를 색성향미촉법도 없다고 하는 것이다.

　부용선사도해(1043-1118)께서는 다음과 같이 설했다.

楷云, 無六塵.97)

　부용선사도해(1043-1118)께서 말씀하시기를, 육진(六

---

96)『三註般若波羅蜜多心經』(『卍續藏』 26, 799쪽. 상17.)
97)『三註般若波羅蜜多心經』(『卍續藏』 26, 799쪽. 상21.)

塵)도 없는 것이다.

자수선사회심(1077-1132, 혜림혜심)께서는 다음과 같이 설했다.

深云, 六根已清, 六塵自清.98)

자수선사회심(1077-1132, 혜림, 혜심)께서 말씀하시기를, 육근(六根)이 이미 청정(淸淨)하면 육진(六塵)은 스스로 청정(淸淨)하게 되는 것이다.

제바께서는 다음과 같이 설했다.

無眼耳鼻舌身意, 無色聲香味觸法.
即眼能見色, 得名為眼. 耳能聞聲, 得名為耳. 鼻能聞香, 得名為鼻. 舌能辨味, 得名為舌. 身能受觸, 得名為身. 意能觀法, 得名為意. 若無色聲香味觸法, 即眼耳鼻舌身意何所施. 若無眼耳鼻舌身意, 即色聲香味觸法, 亦不自說, 以是各不能自起. 皆是和合因緣, 和合因緣, 即生滅法, 生滅法者, 即是空, 故言無也. 又起信論云. 所謂法者, 是衆生心. 法不自法, 由心故法, 當知是法, 乃屬於心, 此處似難. 故須問答. 問曰. 既云法不自法, 由心故法, 心無定相, 云何由心. 答曰. 心雖無

98)『三註般若波羅蜜多心經』(『卍續藏』26, 799쪽. 상22.)

相, 而知一切法.

又問. 心旣覺知, 法有覺不. 答曰. 法若有覺者, 還卽是心. 故佛者, 名覺, 法名不覺, 僧名和合. 故知法不自法者, 爲無情無分別也. 由心故法者, 心有情識, 能分別故, 邪正之理, 自然卽現, 當知法不自法. 由心故法, 明知心亦不自心, 由法故心.

何以故, 若無法者, 心卽無諸緣慮. 以無緣慮故, 則無法無心, 當知分別者妄念也. 無分別者, 會法性也. 此之無分別, 非總無分別, 是分別分別, 是無分別. 善知諸法, 不逐世遷. 故言無眼耳鼻舌身意, 無色聲香味觸法.[99]

무안이비설신의, 무색성향미촉법에서 즉 눈은 능히 색(色)을 볼 수 있으므로 이름을 눈이라고 하는 것이고, 귀는 능히 소리를 들을 수 있으므로 이름을 귀(耳)라고 하는 것이고, 코는 능히 향기를 알 수(聞) 있으므로 이름을 코(鼻)라고 하는 것이고, 혀는 능히 맛을 변별(辨別)할 수 있으므로 혀(舌)라고 하는 것이고, 육신은 능히 촉감을 헤아릴 수(受) 있으므로 이름을 육신이라고 하는 것이고, 의(意)는 능히 법(法, 萬法)을 관조(觀照)할 수 있으므로 이름을 의(意)라고 하는 것이다.

만약에 색성향미촉법(色聲香味觸法)이 없다면 즉 어찌 안이비설신의(眼耳鼻舌身意)가 그것을 나타내 보일 수 있겠는가?

---

99) 『註般若波羅蜜多心經』(『卍續藏』26, 721쪽. 중21.)

만약에 안이비설신의(眼耳鼻舌身意)가 없다면 즉 색성향미촉법(色聲香味觸法)도 역시 자기의 주장을 나타낼 수 없으므로 이것이 각각 스스로 일어나는 것은 불가능한 것이다.

모두가 인연의 화합에 의하여 생기는 것인데 인연의 화합이라는 것은 곧 생멸(生滅)하는 법(法)이다.

생멸법(生滅法)이란 곧 공(空)이다. 그러므로 말로 표현할 수 없다는 것이다.

또 『기신론』에서 말하는 소위(所謂) 법(法)이란 중생심(衆生心)이다.

법(法) 자체가 법(法)이 아니고 마음을 말미암는 이유(由)로 법(法)이라고 하는 것이니 마땅히 법(法)은 마음에 속한다는 것을 알아야 하는데 이것이 어려운 것이다. 그래서 마땅히 문답(問答)을 필요로 하는 것이다.

물었다. 이미 말하기를 법은 자체가 법이 아니고 마음을 말미암는 이유로 법이라고 하는 것이면 마음은 고정된 모습이 없는 것인데 어찌하여 마음을 말미암는다고 하는 것입니까?

대답했다. 마음은 비록 모습(相, 형상)은 없지만 일체법을 알 수 있는 것이다.

또 물었다. 마음이 이미 지각(知覺)한다면 법은 깨달아 알 수 없습니까?

대답했다. 법이 만약에 깨달아 아는 것이 있다면 도리어(還) 마음이 되는 것이다. 그러므로 부처라는 것은 깨달아 아는 것을 이름 한 것이고, 법(法)은 불각(不覺)을 이름 한 것이며,

승(僧)을 화합이라고 한 것이다.

그러므로 법 자체가 법이 아니라는 것은 무정(無情)은 분별이 없다는 것이다. 마음을 말미암는 것을 법(法)이라고 하는 것은 마음은 정식(情識)이 있어서 능히 분별을 하는 것이므로 정사(正邪, 옳고 그름)의 도리가 자연히 나타나게 되는 것이지 마땅히 법이 자체로 깨달아 아는 법이 아닌 것이다.

마음을 연유하여야 법이 라는 것은 분명히 마음도 역시 마음 자체가 깨달아 아는 것이 아니므로 법(法)을 연유하는 것을 마음이라고 하는 것이다.

왜냐하면 만약에 법(法)이 없다면 마음도 곧 모든 인연으로 인한 사려(思慮)가 없게 되는 것이다.

모든 인연으로 인한 사려(思慮)가 없게 되면 곧 무법(無法)으로 무심(無心)하게 되는 것이니 마땅히 분별하는 것이 망념(妄念)이라는 것을 알아야 한다. 무분별이란 법의 본성(本性)을 깨닫는 것이다.

이렇게 하는 것을 무분별이라고 하는 것으로 모두를 무분별이라고 하는 것이 아니고 분별하는 것을 본성(空)으로 분별하는 것이 무분별이다. *(무위법으로 차별)

제법(諸法)을 근본적으로 깨달아야 세간의 망념(妄念)을 버리고(遷) 세간을 추종하지 않게 되는 것이다.

그러므로 말하기를 안이비설신의(眼耳鼻舌身意)도 없다고 한 것이고, 색성향미촉법(色聲香味觸法)도 없다고 하는 것이다.

5-2. 無眼界, 乃至無意識界.(무안계내지무의식계)

안계(眼界)도 없고 내지 의식계(意識界)도 없고,

1) 無眼界 乃至無意識界 라는 것은 육근(六根), 육진(六塵), 육식(六識)의 시작이 눈(眼)으로 보는 것에서 시작하여 능소(能所)와 화합하는 의식을 안계(眼界)라고 하여 의식계까지를 18계라고 한 것으로 이 18계가 없다고 설하고 있는 것이다.

이 18계가 없는 것은 번뇌망념이 없어야 하는 것으로 이것은 앞에 설명하였듯이 오온(五蘊)이 공(空)이 되는 진여의 지혜에 의하면 18계가 공(空)이 되는 것이다.

그러므로 무명(無明)도 없고 노사(老死)도 없게 되어 12연기도 사성제(四聖諦)도 모두가 공(空)이 되어 무소득(無所得)이라고 설하고 있는 것이다.

보리살타는 진여의 지혜에 의하기 때문에 마음에 장애가 없으므로 두려움이 없게 되어 전도몽상을 벗어나서 구경에는 모두가 열반적정을 이루게 되는 것이다.

삼세(三世, 과거, 현재, 미래)의 제불(諸佛, 모든 부처)들도 이 진여의 지혜에 의하여 아뇩다라삼먁삼보리(무상정각, 최고의 깨달음, 진여의 지혜)를 체득하는 것이므로 진실한 말씀이라고 하는 것이다.

* (범부의 경지를 초월하는 것이다.)

무안계내지 무의식계에 대하여 조사들께서는 다음과 같이 설하고 있다.

대전께서는 무안계내지무의식계를 다음과 같이 설하고
있다.

此十八界, 因執有眼界, 連累十八界. 起諸惡業, 但去眼界反
照, 虛假六根, 皆歸敗壞, 總無眞實. 爲虛空之體, 湛然常寂,
亦無脩證. 那伽常在定, 無有不定時, 無散無亂, 孤明獨照.
猶如秋月, 普天匝地, 光明洞耀, 迥脫根塵. 體露眞常, 不拘文
字, 心性無染, 本自員*明. 但離妄緣, 卽如如佛.[100] *員與圓
通

무안계내지무의식계에서 이 18계는 안계(眼界)가 있다는
집착에서 시작하여 18계가 연루(連累)되어지는 것이다.
모든 악업(惡業)들이 일어나는 것도 단지 안계(眼界)를
회광반조 하여 보면 허망한 육근(六根)은 모두가 부서져 사라
지게 되어 고정된 모든 진실(眞實)은 없게 되는 것이다.
이것은 허공의 본체를 설명하는 것으로 맑아서 항상 열반적
정한 것이고 역시 닦을 것도 증득할 것도 없다는 것을 설명하
는 것이다.
나가(那伽, 부처)는 항상 선정(禪定)에서 자유자재하여 선
정(禪定)이 아닌 때가 없으니 산란함이 없어서 독자적(孤明)
으로 홀로 조견(照見)하는 것이다.
비유하면 가을 하늘의 보름달과 같아서 모든 천지(天地)를

---

100) 『般若心經註解』卷1(『卍續藏』26, 949쪽. 하12.)

비추는 는 것과 같다.

지혜의 광명이 환하게 밝게 빛나면 육근육진(根塵, 망념의 원인)을 멀리 초탈(超脫)하게 되면,

본체가 드러나 진실이 항상 하게 되면 언어문자에 구속되지 않게 된다.

마음의 본성(心性, 진여)은 오염된 것이 없고 본래부터 훌륭하고 청정한 것이라는 것을 자각하고,

단지 망념의 인연(因緣)만 벗어나면 곧 바로 여여(如如)한 부처가 되는 것이다.

혜충께서는 다음과 같이 설하고 있다.

無眼界乃至無意識界.
忠云, 此名十八界, 經略擧眼界即, 諸界可知. 因六根, 生六
塵, 因六塵, 生六識, 為三六十八. 故名十八界. 流出分別, 各
各不同, 名之為界. 從無量劫, 妄計造業, 隨逐色聲, 不覺不知,
隨念流轉, 不悟衆生, 性元無異. 但能想念, 不生塵根, 識心應
時消落. 故名為乃至無意識界.[101]

무안계 내지 무의식계를 혜충국사(?-775)께서 말씀하시
기를, 이것의 이름을 18계(界)라고 하는 것으로 요점을 말하
면(經略) 안계(眼界)를 제시(提示)하면 바로 모든 경계를 알
수 있는 것이다. 육근(六根)으로 인하여 육진(六塵)이 생기는
것이고 육진(六塵)으로 인하여 육식(六識)이 생기는 것을
3×6 = 18이라고 하는 것이다. 그러므로 18계(界)라고 하는
것이다.

분별(分別)이 나오게 되면 각각 차별이 생기게 되는 것을
이름 하여 계(界)라고 하는 것이다.

무량겁(無量劫) 이래로 그릇된 분별(妄計)을 하여 업장(業
障)을 지으면서 색성(色聲)의 육진(六塵)을 따라 쫓으니 깨닫
지 못하고, 망념을 따라 유전(流轉)하는 것을 알지 못하여,
중생들이 본성(本性)은 원래 차별이 없다는 것을 깨닫지 못하

---

101) 『三註般若波羅蜜多心經』(『卍續藏』 26, 799쪽. 상23.)

는 것이다.

단지 능히 생각(想念, 망념)을 할 때에 진근(塵根)이라는 대상경계가 없이 불심(佛心, 識心)으로 응(應)하면 망념은 사라지게 되는 것이다.

그러므로 말하기를 내지 무의식계라고 하는 것이다.

부용선사도해(1043-1118)께서는 다음과 같이 설하고 있다.

楷云, 無十八界, 到此凡夫, 法盡入聖位.[102]

부용선사도해(1043-1118)께서 말씀하시기를, 18계가 없는 것이라는 이 경지에 범부가 도달하면 법(法)이 다하게 되어 성인의 지위를 체득하게 되는 것이다.

---

102) 『三註般若波羅蜜多心經』(『卍續藏』 26, 799쪽. 중6.)

자수선사회심(1077-1132, 혜림, 혜심)께서는 다음과 같이 설하고 있다.

深云, 六根六塵六識, 為十八界. 以隔礙為義已了, 諸法本空, 又豈有眼界. 眼界已空, 餘界可知也.[103]

자수선사회심(1077-1132, 혜림, 혜심)께서 말씀하시기를, 육근(六根), 육진(六塵), 육식(六識)을 18계라고 하는 것이다. 이것으로 인하여 장벽이 된다는 것을 이미 요달하면 제법(諸法)은 근본적으로 공(空)하게 되는데 또 다시 어찌 안계(眼界)가 있겠는가? 안계(眼界)가 이미 공(空)한 것이니 나머지의 계(界)도 공(空)한 것이 된다.

제바께서는 다음과 같이 설하고 있다.

無眼界, 乃至無意識界.
眼界者即色也. 乃至無意識界者, 即聲香味觸法也. 界者即十八界也. 何故言十八界, 內有六根, 外有六塵, 中有六識. 故言十八界. 又眼只見色, 不能聞聲, 耳只聞聲, 不能見色, 鼻香舌味身觸意法, 亦復如是. 用皆有所, 各不相知, 故言界也. 又眼識為能觀, 塵為所觀, 能所和合, 善惡生焉. 故知和合之法. 皆是妄想因緣, 妄想因緣即是生滅. 愚者謂實, 業種便

103) 『三註般若波羅蜜多心經』(『卍續藏』26, 799쪽. 중7.)

生. 智者了達根本, 妄心不起, 業種不生. 業種不生, 則永辭後
有. 故言無眼界乃至無意識界.[104]

무안계 내지무의식계에서 안계(眼界)란 곧 색(色)이다. (색
에서)부터(乃至) 무의식계라는 것은 즉 성향미촉법(聲香味觸
法)까지이다. 계(界)란 즉 18계이다.

어찌하여 18계(界)라고 하느냐 하면 육신의 내부에는 육근
(六根)이 있고, 외부에는 육진(六塵, 六境, 색성향미촉법,
대상경계)이 있고, 그것을 인식하는 가운데(中)에 육식(六識)
이 있으므로 18계(界)라고 말하는 것이다.

또 눈은 단지 색(色)을 보는 것이나 소리를 들을 수는 없는
것이고, 귀는 단지 소리를 들을 수 있어도 색(色)을 볼 수는
없는 것이고, 코는 향기, 혀는 맛, 신(身)은 촉(觸), 의(意)는
법(法)을 아는 것도 역시 이와 같은 것이다.

(육근을) 사용(用)하는 모든 것은 처소(所)가 있어서 서로
각각 알지 못하므로 계(界)라고 하는 것이다.

또 안식(眼識)은 능관(能觀, 주관, 인식하는 주체)을 말하는
것이고, 진(塵, 육진, 대상경계)은 소관(所觀, 객체, 객관)을
말하는 것으로 능소(能所)가 화합하여 선악(善惡)이 생기게
되는 것이다. 그러므로 화합하는 것이 법이라는 것을 알
수 있다.

이것은 모두가 망상(妄想)을 인연으로 하는 것이고 망상(妄

---

104) 『註般若波羅蜜多心經』(『卍續藏』26, 721쪽. 하17.)

想)을 인연(因緣)으로 하는 것이므로 곧 생멸(生滅)하는 것이 된다.

어리석은 이는 이것을 진실이라고 알고 있으니 업(業)의 종자가 바로 생기는 것이고, 지혜로운 이는 근본(根本)을 요달(了達)하여 망심(妄心)이 일어나지 않게 되어 업(業)의 종자(種子)가 생기지 않는 것이다.

업(業)의 종자가 생기지 않으니 곧 망념이 없어진 이후에는 불법(佛法)은 존재하게 되는 것이다.

그러므로 안계(眼界)도 없는 것에서 부터(乃至) 의식계도 없다고 말하는 것이다.(그러므로 무안계내지무의식계라고 하는 것이다.)

5-3. 無無明, 亦無無明盡, 乃至無老死, 亦無老死盡(무무명 역무무명진 내지무노사 역무노사진)

무명(無明)도 없고, 역시 무명(無明)이 다하는 것도 없고, 내지 노사(老死)도 없고, 역시 노사(老死)가 다하는 것도 없고 * (연각의 경지를 초월하는 것이다.)

1) 無無明은 무명(無明)이라는 12연기의 시작을 말하는 것인데 이 시작하는 무명(無明)이 없으므로 생사(生死)하는 번뇌망념이 없다는 것을 설하고 있는 것이다.

대전께서는 무무명을 다음과 같이 설하고 있다.

一切衆生, 展轉流浪, 皆因無明, 歷劫受苦, 忽然自覺, 掃除心地, 不見有身.[105] 身盡無明盡, 萬劫塵沙之罪, 一時頓息.[106]

일체(一切)의 중생들이 윤회하며(展轉) 오랜 세월동안 유랑(流浪)하는 것은 모두가 무명(無明)으로 인(因)한 것으로 역겁(歷劫)동안 고통을 받다가 홀연히 자각(自覺)하게 되면 심지(心地)에서 무명(無明)으로 인한 차별의 번뇌를 제거(掃除)하게 되어 육근(六根)으로 인하여 생겨진 차별된 모습(身相)을 볼 수 없게 된다.

---

105) 유신(有身): 육근(六根)으로 인하여 생겨난 생명이 있는 차별된 모습(身相)
106) 『般若心經註解』卷1(『卍續藏』26, 949쪽. 하19.)

육근(六根)으로 인하여 생겨난 살아있는 만연(萬緣, 萬法)을 모두 쉬게 되면 무명(無明)도 다하게 되어 만겁(萬劫)동안의 항하사와 같은 죄업을 일시(一時)에 바로 쉬게 되는 것이다.

혜충께서는 다음과 같이 설하고 있다.

無無明. 忠云, 迷人執有, 五蘊十八界, 障覆本性, 不覩光明. 故名無明. 性達本心, 根塵本空, 意識無用, 有何障礙. 故名無無明.[107]

무무명(無無明)을 혜충국사(?-775)께서 말씀하시기를, 미혹한 사람들은 오온(五蘊)과 18계가 있다고 집착하여 본성(本性)을 덮어버리는 장애가 되어 광명을 보지 못하게 된다. 그러므로 무명(無明)이라고 한다.

본성(本性)이 근원적인 마음이라는 것을 통달하면 근진(根塵)은 본래 공(空)한 것이어서 중생심의 의식(意識)은 무용(無用)하게 되는데 무슨 장애가 있겠는가? 그러므로 무명(無明)도 없다고 말하는 것이다.

---

107) 『三註般若波羅蜜多心經』(『卍續藏』 26, 799쪽. 중9.)

자수선사회심(1077-1132, 혜림, 혜심)께서는 다음과 같이 설하고 있다.

深云, 謂無眞知之明, 故曰, 無明. 今斯照徹, 萬法一如, 靈光現前, 明明不昧, 安有無明. 故曰, 無無明.[108]

자수선사회심(1077-1132, 혜림, 혜심)께서 말씀하시기를, 진실한 깨달음(眞知)이 없다고 명확하게 말하는 것을 무명(無明)이라 하는 것이다.

지금 이것을 철저하게 조명(照明)하여 만법일여(萬法一如)가 되면 신령스런 진여의 지혜가 현전(現前)하여 명명백백하게 몽매(蒙昧)하지 않게 되니 무명(無明)에서 편안하게 되는 것이다. 그러므로 무명(無明)이 없다고 하는 것이다.

108) 『三註般若波羅蜜多心經』(『卍續藏』 26, 799쪽. 중13.)

2) 亦無無明盡에서 역시 무명(無明)이 다하는 것도 없다는 것이다. 여기에서는 무명(無明)이 없으므로 더 이상 분명하게 밝혀야 할 진여의 지혜도 없다는 것이고, 이 진여의 지혜가 다하는 일도 없게 되는 것을 설하고 있는 것이다.

그러므로 노사(老死)와 노사(老死)가 다하는 것도 없다고 다음에 말하고 있는 것이다.

대전께서는 역무무명진을 다음과 같이 설하고 있다.

有身即有無明, 惡業昏暗, 背覺合塵. 若能於此, 一一轉得, 凡夫即是聖人, 聖人即是凡夫. 居塵不染塵, 在欲而無欲. 形影不存, 纖毫不立. 古云, 無卓錐之地,[109] 喚作無心道人, 莫道無心云是佛. 無心猶隔一重關, 會麼. 一片白雲橫谷口, 幾多歸鳥盡迷巢.[110]

육근(六根)으로 인하여 생겨진 생명이 있는 차별된 모습(身相)이 있으면 곧바로 무명(無明)이 있게 되어 악업(惡業)이 생기게 되고, 악업으로 자신의 마음이 어둡게되니 깨달음을 배반하고 번뇌와 계합하게 되는 것이다.

---

109) 『景德傳燈錄』卷11(『대정장』51, 283쪽. 중2.): 「嚴曰. 某甲卒說不得, 乃有偈曰. 去年貧未是貧, 今年貧始是貧. 去年(＋貧)無卓錐之地, 今年(＋貧)錐也無.」
    『虛堂和尚語錄』卷1(『대정장』47, 989쪽. 상16.): 「除夜小參. 去年貧未是貧, 守株待兔, 今年貧始是貧, 認賊為子, 去年貧, 無卓錐之地, 癩狗繫枯椿. 今年貧錐子也無.」
110) 『般若心經註解』卷1(『卍續藏』26, 949쪽. 하21.)

만약에 능히 이것(六根)을 각각 하나하나 전환하여 체득하면 범부가 바로 성인이 되는 것이고, 성인은 바로 범부에서 나온 것이다.

세속에 살더라도 세속에 오염되지 않는 것이고 육진(六塵)의 탐욕(貪欲)속에 살더라도 육진(六塵)의 탐욕에 대한 집착이 없는 것이다. (왜냐하면) 흔적(形影)이 없기 때문이고 (마음에) 털끝만큼도 흔적이 존재하지 않기 때문이다.

고인(古人)이 말하기를, "송곳을 꽂을 땅(心地)도 없는 것을 무심도인(無心道人)이라고 부르는데 무심(無心)을 부처라고 부르지는 말아야 한다." 라고 하고 있다.

무심(無心)이라는 것이 오히려 하나의 무거운 관문(關門)이 되어 장애가 되면 더욱 멀어지게 되는 것이다. 알겠는가?

한 조각의 백운(白雲, 무심)이 산골짜기의 입구를 가로막게 되면,

많은 수행자들이 미소(迷巢, 미혹한 보금자리, 둥지, 무심)에 대한 집착이 다하도록 중생(鳥)으로 살아가게 되네.

※ 무심(無心)도인(道人)을 부처라고 하면 무심(無心)이라는 언어문자에 속박되어 벗어나지 못하게 되는 것을 경계하는 것이다. 송곳조차도 없어야 한다는 말을 한 것이 이것이다.

망념의 흔적을 남기지 않는 조도(鳥道)는 세속이나 탐욕에 물들지 않고 도(道)에도 집착이 없는 것이다.

혜충께서는 다음과 같이 설하고 있다.

亦無無明盡.
忠云, 塵境是有, 即有可盡, 本來是無, 將何可盡.[111]

역무무명진을 혜충국사(?-775)께서 말씀하시기를, 진경(塵境)이 존재하게 되면 즉 존재하는 것은 반드시 없어지게 되는 것이나, 근본적으로 다가오는 대상경계가 본래부터 없으면 장차 무엇이 없어질 것이 있겠는가?

자수선사회심(1077-1132, 혜림, 혜심)께서는 다음과 같이 설하고 있다.

深云, 此句重釋上句也. 無明體本來無有, 為貪深. 故因妄侶*有恐, 凡夫疑聖人, 便而後無殊. 不知無明, 本來自無, 豈有無明可盡. 故曰, 亦無無明盡.[112] * 侶疑似.

자수선사회심(1077-1132, 혜림, 혜심)께서 말씀하시기를, 이 구절은 위의 구절을 중역(重譯, 다른 언어로 다시 번역)한 것이다. 무명(無明)의 본체는 본래 있는 것이 없고 탐심(貪心)이 깊은 것을 말한다.

그러므로 망념을 짝하기에 공포가 있다고 말하면 범부들은

---

111) 『三註般若波羅蜜多心經』(『卍續藏』 26, 799쪽. 중15.)
112) 『三註般若波羅蜜多心經』(『卍續藏』 26, 799쪽. 중17.)

158

성인(聖人)을 괴이하게 생각하고는 바로 지금 부터 성인과 차별이 없다고 한다.

무명(無明)을 본래부터 자체가 없다고 알지 못하는데, 어찌 무명(無明)이 다하는 것이 있을 수 있겠는가?

그러므로 말하기를 역시 무명(無明)이 다하는 것도 없다고 한 것이다.

제바께서는 다음과 같이 설하고 있다.

無無明, 亦無無明盡.
妄心取相, 確執不移, 名曰無明. 了達其源, 無明乃盡. 雖有盡與未盡, 取捨相自遷流. 於畢竟法身, 曾無變改. 故言無無明亦無無明盡.[113]

무무명 역무무명진에서 망심(妄心)으로 상(相)을 취하여 확실하게(確) 고집하여 변하지 않는 것을 이름하여 무명(無明)이라고 하는 것이다. 그것의 근원(根源)을 요달하면 무명(無明)도 이에(乃) 다하게 되는 것이다.

비록 다하는 것이 있는 것과 아직 다하지 못함이 있어도 상(相)을 취하고 버리는 것은 스스로 바꾸어야 하는 것이다.

필경에는 법신(法身)이 되는 것으로 일찍이 변개(變改)가 없는 것이다.

---

[113] 『註般若波羅蜜多心經』(『卍續藏』26, 722쪽. 상3.)

그러므로 무명(無明)도 없다고 하는 것이고 또한 무명이 다하는 것도 없다고 말하는 것이다.

3) 乃至無老死는 무명(無明)에서 시작하여 노사(老死)가 없다고 하여 12연기가 단절되어 공(空)이 되는 것이다.

대전께서는 내지무노사를 다음과 같이 설하고 있다.

既得無明盡, 便無老死. 衆生顚倒, 隨物流轉, 因執人我, 妄心不滅. 迢迢塵劫, 人我不除, 執著聲色, 墮落生死, 對境目前, 亦有生滅. 若是見性之人, 目前無法, 亦無衆生心.[114]

이미 무명(無明)[115]이 다했다는 것을 알게 되면 바로 노사(老死)가 없게 되는 것이다. 중생들이 전도(顚倒)되어 중생심(物, 사물에 대한 집착)에 따라 유전(流轉)하게 되고 인아상(人我相)에 집착하므로 인하여 망심(妄心)이 사라지지 않게 되는 것이다.

아득한 항하사겁에서 부터 인아상(人我相)을 제거하지 못하여 성색(聲色)에 집착하고 망념의 생사(生死)에 타락(墮落)하여서 목전(目前)의 대상경계를 짝(對)하니 역시 번뇌의 생멸(生滅)이 있게 되는 것이다.

만약에 자기의 본성을 견성(見性)한 사람은 목전(目前)에 무법(無法, 제법이 공하여 의식의 대상경계가 없음, 空)이니 역시 중생심이 없는 것이다.

---

114) 『般若心經註解』卷1(『卍續藏』26, 950쪽. 상2.)
115) 『般若心經添足』卷1(『卍續藏』26, 873쪽. 상17.): 「言無明者, 昏暗義也. (謂過去世煩惱之惑, 覆葢真性, 無妙覺之明, 妄認四大, 為自身相, 六塵緣影, 為自心相. 故名無明.~~~)」

혜충께서는 다음과 같이 설하고 있다.

乃至無老死.
忠云, 從無明, 至老死, 並是十二因緣. 今但擧一緣, 以用例
諸無明. 若是有老死, 即不虗無明, 從來無. 故云, 無老死
也.[116)

내지무노사에서 혜충국사(?-775)께서 말씀하시기를, 무
명(無明)에서 노사(老死)까지를 모두(並) 12인연이라고 한
다. 지금 단지 하나의 기연(機緣)을 들어 제시(提示)하면 모든
것에 무명(無明)이 다 적용되는 것이다.
만약에 노사(老死)가 있다면 즉 무명(無明)은 무(無)에서
초래한 것이 되는 것이다. 그러므로 노사(老死)가 없다고
한 것이다.

---

116) 『三註般若波羅蜜多心經』(『卍續藏』 26, 799쪽. 중20.)

4) 亦無老死盡에서 노사(老死)가 없으므로 노사(老死)가 다하는 것도 없다고 하는 것은 공(空)의 세계에는 몰종적이므로 상구보리이지 고정된 극락세계는 없다는 것을 말하고 있는 것이다. 즉 고정된 부처는 없는 것이고 항상 살아 있는 무위진인(無位眞人)이 있다는 것을 말하고 있는 것이다.

대전께서는 역무노사진을 다음과 같이 설하고 있다.

脫體全忘, 不存踪跡, 通身手眼, 不立纖塵, 十二因緣, 六度萬行, 一時頓脫.[117]

본체라는 집착에서 탈피하여 완전히 다하게(忘) 되면 종적(蹤跡, 踪跡)도 남아 있지 않게 되어, 온몸(通身)이 손이고 눈이 되니 미세한 번뇌망념도 없게 되어서, 12인연, 육도만행(六度萬行)을 일시에 바로 해탈하게 된다.

혜충께서는 다음과 같이 설하고 있다.

亦無老死盡.
忠云, 盡者滅也, 十二因緣, 若生即有, 生死可盡. 因緣本無生, 即無老死盡.[118]

---

117) 『般若心經註解』卷1(『卍續藏』26, 950쪽. 상5.)
118) 『三註般若波羅蜜多心經』(『卍續藏』26, 799쪽. 중24.)

역무노사진을 혜충국사(?-775)께서 말씀하시기를, 다한 다는 것(盡)은 없어진다(滅)는 것으로 12인연이 만약에 생기 는 것(生)이 곧 있다(有)라고 하면 생사(生死)는 반드시 없어지 게 되는 것이다. 인연(因緣)은 본래 무생(無生)이 되므로 노사 (老死)가 다하는 것도 없게 되는 것이다.

부용선사도해(1043-1118)께서는 다음과 같이 설하고 있다.

楷云, 無無明乃至, 亦無老死盡者, 無緣覺法.[119]

부용선사도해(1043-1118)께서 말씀하시기를, 무명(無 明)도 없고 에서 노사(老死)가 다하는 것도 없다는 것은 인연 에 따라 깨닫는 고정된 연각법은 없는 것이다.

자수선사회심(1077-1132, 혜림, 혜심)께서는 다음과 같 이 설하고 있다.

深云, 乃至無老死, 亦無老死盡者, 從無明, 至老死謂之, 十 二因緣生法也. 何名無明為闇心無知. 如人夜行曠野, 失於正 道, 故云, 無明. 貪染世法, 故名為行. 虛妄知見, 故名曰識※. 神入胎, 向受生處, 與不淨合, 故名名色. 現陰成根, 通識去來, 故名六入. 根塵相對, 故曰觸. 法作違順, 愛惡事成, 故曰受.

119) 『三註般若波羅蜜多心經』(『卍續藏』 26, 799쪽. 하3.)

於順情中, 生於貪染, 故云愛. 愛之不捨, 故名曰取. 取已屬身,
成有漏業, 故名為有. 有業已定, 感後果報, 故名為生. 生命不
住, 故名為老死. 老死復生, 終而復始, 千生萬劫, 捨身受身,
故名輪迴. 若知無明體空, 又豈有老死, 老死已不可得, 更有
何法可盡. 故云, 亦無老死盡, 此空破十二因緣之見也. ＊識下
疑脫識字.[120]

자수선사회심(1077-1132, 혜림, 혜심)께서 말씀하시기
를, 이에 노사(老死)도 없다는 것에서 부터 역시 노사(老死)가
다하는 것도 없다는 것은 무명(無明)을 따라서 노사(老死)가
있게 된다는 것을 설명하는 것으로 12인연법이 생긴 도리를
말하는 것이다.

어찌하여 이름을 무명(無明)이라고 하는가 하면 마음(佛
心)을 어둡게(闇) 하여 무지(無知)하게 하기 때문이다. 사람이
밤에 광야(曠野, 황야)를 가다가 바른 길을 잃게 되는 것과
같은 것을 무명(無明)이라고 하는 것이다.

오염된 세법(世法)을 탐하는 것을 이름하여 행(行)이라고
하는 것이다.

허망한 견해로 아는 것을 이름하여 식(識)이라고 하는 것이다.

청정한 의식에 입태(入胎)하여 수생(受生)하면 부정(不淨)
하게 계합하게 되는 것을 명색이라고 하는 것이다. (중생심의
아상(我相)과 계합)

---

120) 『三註般若波羅蜜多心經』(『卍續藏』 26, 799쪽. 하4.)

오온(陰)이 현전(現前)하여 근(根)을 이루어 의식을 통하여 거래(去來)하는 것을 육입(六入)이라고 하는 것이다.

근(根)이 대상경계를 상대(相對)하는 것을 촉(觸)이라고 하는 것이다.

법(法)으로 위경(違境)과 순경(順境)을 조작하여 좋아하고 미워하는(愛惡) 일이 이루어지는 것을 수(受)라고 하는 것이다.

순정(順情) 중에서 망념(妄念)이 생겨서 오염된 것을 탐하는 것을 애(愛)라는 것이다. 애착(愛着)하기에 집착을 버리지 못하는 것을 취(取)라고 하는 것이다.

이미 자신(身)이 의식 속에 취하여 유루업(有漏業)이 이루어진 것을 유(有)라고 하는 것이다.

업(業)이 있다고 이미 결정하고 마음을 움직이니 과보(果報)가 있는 것을 생(生)이라고 하는 것이다.

생명(生命)이 머무르지 않는 것을 이름하여 노사라고 하는 것이다.

노사(老死)가 다시 생(生)하여 끝나면 다시 시작하여 천생(千生)만겁(萬劫)동안 자신이 버리고 친히 자신이 받는 것을 이름하여 윤회라고 한다.

만약에 무명(無明)의 체(體)가 공(空)이라는 것을 분명하게 알면 또 어찌 노사(老死)가 있을 수 있으며, 노사(老死)를 이미 얻을 수 없으면 다시 무슨 법이 있어서 다하는 것이 있겠는가?

그러므로 말하기를 역시 노사(老死)가 다하는 것도 없다고 한 것이고 이와 같은 공(空)으로 12인연의 견해를 파괴한 것이다.

제바께서는 다음과 같이 설하고 있다.

乃至無老死, 亦無老死盡.
以取相故, 有始無終, 名為老死. 因是厭患生死, 脩心出苦,
名為老死盡. 以上從無無明已來, 明十二因緣, 為破緣覺疑
故. 何以故, 為行人了達法性, 不逐世遷, 不住靜亂苦樂相故.
故言無老死亦無老死盡.[121)]

내지무노사역무노사진에서 상(相)을 취하므로 인하여 시
작을 하게 되면 끝이 없게 되는 것을 노사(老死)라고 하는
것이다. 생사(生死)의 고통을 싫어하는 것으로 인하여 마음을
닦아서 고통에서 벗어나는 것을 이름 하여 노사(老死)가 다하
는 것이라고 하는 것이다.

이상은 무명(無明)도 없다는 것에서부터 지금까지 12인연
을 밝힌 것으로 연각(緣覺)의 의혹을 타파한 것이다.   왜냐하
면 수행자가 법성(法性)을 요달하게 한 것으로 세간의 망념을
버리고(遷) 세간을 추종하지 않으니 적정(寂靜)과 혼란(混亂)
이나 고통과 즐거움이라는 상(相)에 머무르지 않게 되는 것이
다. 그러므로 노사(老死)도 없고 노사(老死)가 다하는 것도
없다고 말하는 것이다.

---

121) 『註般若波羅蜜多心經』(『卍續藏』26, 722쪽. 상7.)

5-4. 無苦集滅道.(무고집멸도)

사성제는 고집멸도(苦集滅道)를 말하는데 일반적으로 고(苦)는 탐진치의 망념인 집(集)에 의하여 생기는 것이고, 멸(滅)은 열반을 말하는 것이며, 열반을 얻는 방법으로는 도(道)의 수행법을 팔정도로 제시하는 것이다.

무고집멸도에서 고집멸도(苦集滅道)도 없다는 것은 사성제(四聖諦)가 없다고 하는 것으로 공(空)의 세계에는 고집멸도가 없게 되는 것이다.

즉 탐진치에 의하여 고통 받는 모습을 고(苦)라고 하는 것인데 즉 잠시도 자신이 불법(佛法)에 맞게 수행하지 못하여 마음을 쉬지 못하므로 고(苦)라고 하는 것이다.

그러나 본래는 오온(五蘊)이 공(空)이므로 진여의 지혜로 생활하면 되는 것인데 얻으려고 하는 것을 고제(苦諦)라고 하는 것이다.

집(集)은 탐진치를 집착하며 궁구하여 자기의 것으로 하려는 것이 집(集)이지만 오온이 공(空)이므로 진여의 지혜로 생활하면 삼학(三學, 계정혜)이 구족한데도 집착하여 구하고 찾으려고 하므로 집제(集諦)가 되는 것이다.

멸(滅)은 탐진치의 망념(妄念)을 제거하여 열반적정을 구하는 것을 멸(滅)이라고 하는 것이나 본래는 오온이 공(空)이므로 진여의 지혜로 불법(佛法)에 맞게 생활하면 망념(妄念)이 없는 열반적정인데 구하므로 멸제(滅諦)라고 하는 것이다.

도(道)는 열반을 얻는 법을 말하는 것으로 팔정도로 수행하는 것이고 또 진여의 지혜로 살아가기를 구하므로 도(道)라고 하는 것이나 오온이 공(空)이므로 진여의 지혜로 불법(佛法)에 맞게 살아가면 자신이 항상 삼학(三學)으로 살아가는 것을 확인하므로 도제(道諦)라고 하는 것이다.

그러므로 진여의 지혜로 불법(佛法)에 맞게 살아가면 얻고 찾아서 확인할 필요가 없이 여여(如如)한 것을 무고집멸도라고 하는 것이다. 즉 사성제를 초월하는 것이다.

* (성문의 경지를 초월하게 되는 것이다.)

1) 無苦集滅道를 다음과 같이 설하고 있다.

대전께서는 무고집멸도를 다음과 같이 설했다.

無苦無樂, 無集無滅, 無道無德.[122] 到這裡, 脩證即不無, 染污即不得, 一超直入如來地. 會麼. 密竹(竹密)不妨流水過, 山高豈礙白雲飛.[123]

고(苦)도 없고 락(樂)도 없고, 고(苦)의 원인(集)도 없고 멸(滅)도 없고, 도(道)도 없고 덕(德)도 없게 되는 것이다.

---

122) 『般若心經添足』卷1(『卍續藏』26, 873쪽. 하21.) : 「三釋四諦; 無苦集滅道: 苦即生死苦果, 集是惑業苦因, 此是世間因果. 滅即涅槃樂果, 道是道品樂因, 此是出世間因果. 智度論云, 世間及身, 是苦果, 貪愛瞋癡, 等諸煩惱, 是苦因. 煩惱滅, 是苦滅, 滅煩惱方法, 是名為道. 如來說此四聖諦法, 蓋為凡夫二乘, 不知三界, 五蘊諸法, 如幻如化. 本自無生, 性相寂滅, 生死涅槃, 猶如昨夢. 而於無生法中, 妄見生滅, 橫受輪迴. 譬如陽燄無水處, 妄作水想, 徒自疲勞. 是故如來令彼知苦斷集, 慕滅修道, 暫息苦本, 聲聞不了, 航寂滅樂, 以為實證. 大乘菩薩, 修般若觀, 見真空理, 無生滅修證之法, 生滅修證, 自性空故. 故云, 無苦集滅道. (諦者, 審實也. 凡夫雖有苦集, 而不審實, 不得稱諦, 無倒聖智, 審知境故, 故名聖諦. 道品者, 即三十七品菩提分法, 詳餘經論.)」
123) 『般若心經註解』卷1(『卍續藏』26, 950쪽. 상6.)

이 경지에 도달하면 수증(修證)하는 것이 없지는 않으나 오염되지 않게 되니 한 번에 곧바로 여래의 경지를 체득하게 되는 것이다. 알겠는가?

대나무가 아무리 빽빽하여도 흐르는 물은 방해받지 않고, 산이 아무리 높다 해도 백운(白雲)이 지나가는 것을 어찌 막을 것인가?

혜충께서는 다음과 같이 설했다.

無苦集滅道.
忠云, 此明四諦, 心有所求, 繫著於法, 故名爲諦. 精勤修證, 心無間歇, 名爲苦諦. 廣尋經論, 貪求妙理, 名爲集諦. 斷諸妄念, 至求常寂, 名爲滅諦. 遠離煩亂, 精研佛理, 名爲道諦. 今更明四聖諦, 名之爲藥, 對破前病. 心本清靈, 不假修證, 名爲苦諦. 性含萬法, 豈藉尋求, 名爲集諦. 妄念無生, 本自常寂, 名爲滅諦. 寂常無二, 邪正不昧, 名爲道諦, 此對病說也. 若了無心, 四諦何有, 故云, 無苦集滅道.[124]

무고집멸도를 혜충국사(?-775)께서 말씀하시기를, 이것은 사제(四諦)를 밝힌 것으로 마음에 추구하는 것이 있으면 집착하여 법(法)이 있게 되는 것이므로 이름을 깨달음(諦, 진실)이라고 하는 것이다.

---

124) 『三註般若波羅蜜多心經』(『卍續藏』 26, 799쪽. 하16.)

열심히 노력하여(精勤) 수행하고 증득해야(修證)하지만 마음은 조금도 쉴 틈이 없는 것을 이름 하여 고제(苦諦)라고 하는 것이다.

널리 경론(經論)을 찾아서(尋) 묘리(妙理)를 탐구(貪求)하는 것을 이름 하여 집제(集諦)라고 하는 것이다.

모든 망념(妄念)을 단절(斷絶)하여 항상 적정하게 되기를 구하는 것을 이름 하여 멸제(滅諦)라고 하는 것이다.

번뇌의 어려움을 멀리 벗어나 부처의 진리를 정묘하게 궁구하는 것(研)을 이름 하여 도제(道諦)라고 하는 것이다.

지금 다시 사성제를 밝혀서 이름을 락(樂)이라고 하는 것은 이전의 병(病)을 파괴하고자 한 것이다.

마음은 본래부터 청정하고 신령하여 수행하고 증득(修證)하지 않아도 되므로 이름을 고제(苦諦)라고 하는 것이다.

본성(本性)은 만법(萬法)을 함장(含藏)하고 있는 것인데 구하고 찾으려고 하므로 집제(集諦)라고 하는 것이다.

망념(妄念)은 무생(無生)이고 본래 스스로 항상 적정하므로 이름을 멸제(滅諦)라고 하는 것이다.

적정(寂靜)하여 항상 차별이 없으므로(無二) 어긋나고 바른 것(邪正)에 어둡지 않는 것을 이름 하여 도제(道諦)라고 하는 것으로 이것은 병(病)에 상대(相對)하여 설하는 것이다.

만약에 요잘하여 무심(無心)하게 되면 사제(四諦)가 어찌 있을 것인가? 그러므로 고집멸도(苦集滅道)도 없다고 하는 것이다.

부용선사도해(1043-1118)께서는 다음과 같이 설하고 있
다.

楷云, 無聲聞法.[125]

부용선사도해(1043-1118)께서 말씀하시기를, 고정된 성
문법(聲聞法, 들어서 깨달은 성문, 소승 수행법)도 없는 것이
다.

자수선사회심(1077-1132, 혜림, 혜심)께서는 다음과 같
이 설했다.

深云, 苦集滅道, 四諦也. 一切凡夫, 因集業相纏, 受於苦惱.
大乘之人, 因修其道, 能證寂滅之理. 又曰, 一念染心生, 名苦
諦. 念念相續, 名集諦. 了念無生, 名滅諦. 了滅無滅, 名道諦.
然而一切諸法, 本自空寂, 四諦從何而有. 故云, 無苦集滅道,
此破聲聞, 四諦之見也.[126]

자수선사회심(1077-1132, 혜림, 혜심)께서 말씀하시기
를, 고집멸도(苦集滅道)가 사제(四諦)이다. 일체의 범부들은
업상(業相)에 얽매여서 집착함으로 인하여 고뇌를 받게 되는
것이다.

---

125) 『三註般若波羅蜜多心經』(『卍續藏』 26, 800쪽. 상1.)
126) 『三註般若波羅蜜多心經』(『卍續藏』 26, 800쪽. 상2.)

대승(大乘)의 수행자는 그 도(道, 진여의 지혜)를 수행하므로 인하여 적멸의 도리를 능히 증득하는 것이다.

또 말하기를 일념(一念)에 오염된 마음이 생기는 것을 고제(苦諦)라고 하였다.

항상 생각 생각이 상속(相續)하는 것을 집제(集諦)라고 하였다.

망념(妄念)을 요달하여 무생(無生)이 되는 것을 멸제(滅諦)라고 하였다.

사라지는 것(滅)과 사라지는 것이 없다는 것을 깨닫는 것을 도제(道諦)라고 하였다.

그래서 일체의 모든 법은 본래 스스로 공적(空寂)한 것이므로 사제(四諦)가 어찌하여 생겨나는 것이겠는가?

그러므로 고집멸도도 없다고 하는 것으로 이것은 성문이 아는 사제(四諦)의 견해를 파괴하고자 하는 것이다.

제바께서는 다음과 같이 설했다.

無苦集滅道.
若躭著世欲, 則有苦集之患. 厭離世間, 則有滅苦之道. 菩薩於是中間, 不見有苦集可捨, 不見滅道可求. 取捨心息, 苦樂兩忘, 說無四諦, 斷聲聞疑. 故言無苦集滅道.[127]

---

127) 『註般若波羅蜜多心經』(『卍續藏』26, 722쪽. 상13.)

무고집멸도란 만약에 세간의 욕망을 탐착(耽著)하면 곧 고집(苦集)의 우환이 있는 것이다. 세간을 싫어하여 벗어나고자 하면 곧 멸고(滅苦)의 도(道)가 있는 것이다.

보살은 그리하여 그것의 중간에 있는 것으로 고집(苦集)의 집착을 가히 버려야 한다고 보지 않고, 또 멸도(滅道)를 가히 구하려고도 하지 않는다.

단지 취사(取捨, 취하고 버리는 것)하는 차별의 마음만 쉬면 고락(苦樂)을 모두 망각(忘却)하게 되므로 사성제(四聖諦)도 없다고 하는 것은 성문(聲聞)의 의혹을 단절하는 것이다.

그러므로 고집멸도(苦集滅道. 四聖諦)도 없다고 한 것이다.

5-5. 無智亦無得, 以無所得故.(무지역무득 이무소득고)

실제로 고정된 법이 없으므로 고정된 진여의 지혜가 없는 것이고, 역시 고정된 진여의 지혜가 없으므로 고정된 최고의 깨달음은 얻을 수 없는 것이다.

그러므로 진여의 지혜는 의식의 대상경계를 공(空)으로 관조하는 진여의 지혜이므로 의식의 대상으로 얻을 수는 없는 것이다.

1) 無智亦無得 以無所得故에서 고정된 법이 없는 것을 진여의 지혜로 관조하니 오온(五蘊)이 공(空)이므로 청정한 법을 얻는다고 하면 의식이 존재하게 되어 몰종적이 아닌 고정된 법이 되므로 얻을 것이 없다고 하는 것이다.

만법(萬法)이 청정하게 일여(一如)가 되었으므로 의식에서 대상으로 얻을 것은 없는 것이다. 무소유(無所有)의 몰종적(沒蹤跡)의 삶을 살아가게 하는 것이다.

대전께서는 무지역무득 이무소득고를 다음과 같이 설했다.

離種種見, 脫體無依, 自性淸淨, 實無一法.
歸根得旨, 念念空寂, 太虛之體, 聲色不存, 如世界, 如虛空, 是了事淸淨道人.[128]

---

128) 『般若心經註解』卷1(『卍續藏』26, 950쪽. 상9.)

온갖 견해를 초월하게 되면 본체라는 집착에서 탈피하여 무의도인(無依道人)이 되어 자성(自性)은 청정하게 되니 진실로 한 법(法)도 (중생심의 의식은) 없게 되는 것이다.

근본으로 돌아가서 불법(佛法)의 종지(宗旨)를 체득하게 되면 항상 공적하여 태허(太虛)의 본체와 같게 되어 성색(聲色) (에 대한 집착) 이 존재하지 않으니 여여(如如)한 세계이고 여여(如如)한 허공(虛空)과 같게 되어 일대사(一大事)를 요달한 청정한 도인(道人)이 되는 것이다.

혜충께서는 다음과 같이 설했다.

無知亦無得.

忠云, 推照諸法, 了無所得, 名之為智. 諸法本空, 何假推照. 故云, 無智. 自性淸靈, 實無一法可得. 故云, 亦無得也.

以無所得, 故菩提薩埵.

忠云, 悟諸心不可得, 故是菩提, 了諸法不可得, 故名為薩埵. 心法一如, 並無所得. 故名, 菩提薩埵.[129]

무지역무득을 혜충국사(?-775)께서 말씀하시기를, 제법(諸法)을 받들어 반조(返照)하여 무소득이라고 깨닫는 것을 지혜라고 하는 것이다.

제법(諸法)은 본래 공(空)인데 어떻게 받들어 반조하겠는

---

129) 『三註般若波羅蜜多心經』(『卍續藏』 26, 800쪽. 상8.)

가? 그러므로 말하기를, 얻을 지혜도 없다고 하는 것이다.

자성(自性)은 청정하여 신령한 것이고 진실로 한 법(法)도 얻을 수는 없는 것이므로 말하기를 역시 얻을 것이 없다고 한 것이다.

이무소득고보리살타를 혜충국사(?-775)께서 말씀하시기를, 모든 자신의 망심을 (空이라고)깨달아서 얻는 것이 아니므로 보리(菩提)라고 하고 제법(諸法)을 (空이라고 깨달아)요달하여 얻는 것이 아니므로 살타라고 한다.

마음과 법(法)은 일여(一如)이므로 모두(並)가 무소득(無所得, 無所有)이다 그러므로 보리살타라고 하는 것이다.

부용선사도해(1043-1118)께서는 다음과 같이 설했다.

楷云, 無菩薩法.[130]

부용선사도해(1043-1118)께서 말씀하시기를, 보살이 되는 고정된 수행법은 없는 것이다.

자수선사회심(1077-1132, 혜림, 혜심)께서는 다음과 같이 설했다.

深云, 智之一字, 是諸佛知, 空之智非, 但空中無. 凡夫五蘊, 十八界, 緣覺, 十二因緣, 聲聞, 四諦之道, 以至諸佛, 知空之智. 亦忘智已忘得, 亦安在.[131]

자수선사회심(1077-1132, 혜림, 혜심)께서 말씀하시기를, 지혜라는 이 한 자(字)를 제불(諸佛)이 깨달은 것으로 공(空)이 지혜는 아니고 단지 공(空)중에는 망념(妄念)이 없다는 것이다.

범부들은 오온(五蘊)과 18계를 깨닫는 것이고, 연각(緣覺)은 12인연을 깨달은 것이고, 성문(聲聞)은 사제(四諦, 四聖諦)의 도리를 깨닫는 것으로 이와 같이 하여 제불(諸佛)의 지위에 도달하여서 공(空)으로 깨닫는 것을 지혜라고 하는

130) 『三註般若波羅蜜多心經』(『卍續藏』 26, 800쪽. 상12.)
131) 『三註般若波羅蜜多心經』(『卍續藏』 26, 800쪽. 상13.)

것이다.

　역시 지혜라는 것도 망각(忘却)하면 이미 얻었다고 하는 것도 잊게 되어 역시 편안하게 되는 것이다.

　부용선사도해(1043-1118)께서는 다음과 같이 말씀하셨다.

　楷曰, 以無所得故者, 無佛法.[132]

　부용선사도해(1043-1118)께서 말씀하시기를, 무소득(無所得)이기 때문이라고 하는 것은 대상으로 얻을 수 있는 불법(佛法, 진여지혜의 생활)은 없는 것이다.

---

132) 『三註般若波羅蜜多心經』(『卍續藏』26, 800쪽. 상19.)

자수선사회심(1077-1132, 혜림, 혜심)께서는 다음과 같
이 설했다.

深云, 以無所得故者, 以者, 由也. 再明無所得義. 或云, 五
蘊, 十八界, 十二因緣, 四諦, 諸法皆空, 所照之智. 亦忘莫成斷
滅否, 畢竟有何所證. 答曰, 無得之得, 無證之證, 是名眞得也.
金剛經云, 若有法如來, 得阿耨多羅三藐三菩提者, 然燈佛
則, 不與我授記. 以實無有法, 得阿耨多羅三藐三菩提. 是故
然燈佛, 與我授記, 汝於來世, 當得作佛, 號釋迦牟尼. 故云,
以無所得故.[133]

자수선사회심(1077-1132, 혜림, 혜심)께서 말씀하시기
를, 이무소득고 라고 하는 것에서 이(以)는 말미암는(由) 다는
뜻이다.
(무소득을 말미암아 …) 다시 무소득(無所得)의 뜻을 조명
(照明)하는 것이다.
혹은 말하기를 오온(五蘊), 18계, 12인연(因緣), 사성제(四
聖諦, 四諦), 제법(諸法)이 모두 공(空)이라고 관조(觀照)하는
지혜가 또한 모두 없어서 단멸(斷滅)이 되는 것이 아니면
필경에는 무슨 증득할 것이 있게 되는 것 아닙니까?
대답하여 말하기를, 무소득(無所得)의 지혜를 체득하는
것이고, 증득했다는 것이 없는 몰종적의 지혜를 증득하는

---

133) 『三註般若波羅蜜多心經』(『卍續藏』 26, 800쪽. 상20.)

것이 진실한 체득이다.

『금강경』에 말하기를 만약에 법이 있어서 여래(如來)가 아뇩다라삼먁삼보리(무상정각, 최고의 바른 깨달음, 진여의 지혜)를 얻는다고 하면 연등불께서 곧 나에게 수기(授記)를 하시지 않았을 것이다.

진실로 고정된 법(法, 의식의 대상경계)이 없는 것에서 아뇩다라삼먁삼보리(무상정각, 진여의 지혜)를 체득한 것이다.

그러므로 연등불(본래 있는 本性, 佛性, 과거 · 현재 · 미래 즉 삼세가 없는 것)께서 나에게 수기(授記)하시기를 그대는 내세(來世, 지금 이후에)에 마땅히 부처가 되어 이름을 석가모니라고 할 것이라고 하신 것이다.

그러므로 무소득(無所得)이라고 하는 것이다.

제바께서는 다음과 같이 설했다.

無智亦無得,
能觀者智也. 所觀者得也. 既以苦樂兩忘, 觀心不起, 名之
為得無所得. 此之一得, 不同世得, 為破菩薩, 有所得故. 故言
無智亦無得.[134]

무지역무득에서 능관(能觀, 주관, 인식하는 주체)하는 것
은 지혜이고, 소관(所觀, 객체, 객관)하는 것은 체득하는 것이
다.

이미 고락(苦樂)을 모두 망각(忘却)하였으면 마음의 본성
을 관조(觀照)하려는 마음이 없는 것을 이름하여 무소득(無所
得)을 체득했다고 하는 것이다.

이와 같이 하는 것을 진여의 깨달음을 체득했다고 하는
것으로 세간에서 얻었다는 것과는 다른 것이고 보살이 얻을
것(所得)이 있다는 것을 타파한 것이다.

그러므로 고정된 지혜가 없으니 역시 고정된 깨달음을
얻을 수 없다고 말하는 것이다.

---

134) 『註般若波羅蜜多心經』(『卍續藏』26, 722쪽. 상18.)

6. 菩提薩埵, 依般若波羅蜜多故, 心無罣礙. 無罣礙故, 無有恐怖, 遠離顚倒夢想, 究竟涅槃.(보리살타 의반야바라밀다고 심무가(괘)애 무가(괘)애고 무유공포 원리전도몽상 구경열반)

보리살타는 반야의 지혜를 실천하여 육도윤회를 벗어나는 것에 의지하므로 마음에 장애받아 거리끼는 것이 없는 것이다. 마음에 장애받아 거리끼는 것이 없으므로 공포(恐怖, 두려움)가 없게 되고, 전도몽상을 멀리 떠나게 되어 구경(究竟)에 열반적정을 체득한 것이다.

1) 菩提薩埵 依般若波羅蜜多故 心無罣礙에서 보리살타는 보디사뜨바(bodhisattvā)의 음역으로 반야바라밀다를 실천하는 사람을 말하는 것이다. 즉 진여의 지혜로 불법(佛法)에 맞게 자각한 사람을 말하는 것으로 관자재보살인 것이다.
아공(我空), 법공(法空)으로 진여의 지혜를 실천하는 사람을 반야바라밀다에 의한다고 하는 것이므로 마음에 장애가 없게 되는 것이다.

대전께서는 보리살타 의반야바라밀다고 심무가애를 다음과 같이 설했다.

了得人空, 名曰菩提. 了得法空, 名曰薩埵. 人法俱空, 名曰妙覺.
依此解說, 得大智慧, 隨機利物, 引導羣迷, 同到彼岸. 三界

唯心, 萬法唯識, 體用雙行, 混融歸一.

外清淨, 內清淨, 外空內空, 當體即空. 天地未有, 先有此空, 無名天地之始, 有名萬物之母. 太始太初, 視之不見, 聽之不聞, 迎之不見其首, 隨之不見其後.[135]

보리살타에서 아공(我空)을 요득(了得)한 것을 보리(菩提)라고 하고, 법공(法空)을 요달하여 체득(了得)한 것을 보살이라고 하고, 아공(我空)과 법공(法空)을 모두 요득(了得)한 것을 묘각(妙覺, 현묘한 지혜를 체득하여 실천함)이라고 한다.

의반야바라밀다고에서 이것을 해설한 것에 의하여 대지혜를 체득한 것으로 근기(根機)에 따라 중생을 교화하고 미혹한 중생들을 인도(引導)하여 다 함께 피안(彼岸)에 도달하게 하는 것이다.

삼계(三界)는 오직 마음으로 인한 것이고, 만법(萬法)은 유식(唯識)이니 체(體)와 용(用)을 같이 행하면 혼융(混融, 混沌)되어 근본으로 되돌아가는 것이다.

심무가애는 외부가 청정하고 내부가 청정하여 내외(內外)가 허공과 같이 청정하면 마땅히 본체는 허공과 같은 것이다.

천지가 있기 전에 먼저 이 공(空)이 있던 것으로 명칭이 없는 것은 천지의 근원이고 명칭이 있는 것은 만물의 모체이다.

---

135) 『般若心經註解』卷1(『卍續藏』26, 950쪽. 상11.)

태시(太始, 만물이 형성되기 시작)와 태초(太初, 混沌, 道)는 보려고 하면 보이지 않고 들으려고 하면 들리지 않고 맞이하려 해도 그 시초(首)를 알 수 없고 따르려 해도 그것의 뒤를 찾을 수 없다.

　＊ 공(空)에 대한 설명으로 불심(佛心)에는 아무런 장애가 없는 것을 천지미분전의 본래면목이며 공(空)이라고 한 것이다.

혜충께서는 다음과 같이 설하고 있다.

依般若波羅蜜多故, 心無罣礙.

忠云, 此是梵語, 經題具釋. 只眾生智慧清淨, 亦無清淨,
可得反照, 自心離諸塵. 故云, 依般若波羅蜜多, 微有小法,
即有罣礙. 心境自空, 誰念誰著, 迴然無事, 有何罣礙也.[136]

의반야바라밀다고 심무가(괘)애를 혜충국사(?-775)께서
말씀하시기를, 이것은 범어로 반야심경의 제목에서 모두
해석하였다. 그러나 중생은 지혜로 청정(淸淨)한 것과 또
청정하지 않은 것만 얻는데 이것을 지혜로 반조(反照)하면
자기의 마음에 있는 모든 번뇌에서 벗어나게 되는 것이다.
그러므로 말하기를, 반야바라밀다에 의지하는 미세한 작은
법(法)이라도 있으면 즉 장애에 속박되는 것이다.
마음과 대상경계가 자연히 공(空)한데 누가 생각하고 누가
집착할 것인가? 오로지 항상 무사(無事, 번뇌망념의 일이
없는 것)하기만 하면 무엇이 마음를 장애하겠는가?

---

136) 『三註般若波羅蜜多心經』(『卍續藏』 26, 800쪽. 중4.)

부용선사도해(1043-1118)께서는 다음과 같이 설했다.

楷云, 菩提薩埵, 依般若波羅蜜多故者, 六凡四聖, 一齊皆
空, 無可分別. 圓覺經云, 成道, 亦無得, 本性圓滿故.[137]

부용선사도해(1043-1118)께서 말씀하시기를, 보리살타
가 반야바라밀다에 의지한다는 것은 육도(六道, 六趣; 지옥,
아귀, 축생, 인간, 수라, 천상)의 범부(六凡)와 사성(四聖;
불, 보살, 성문, 연각)이 모두 똑같이 공(空)으로 보게 되면
가히 차별 분별할 것이 없는 것이다.
　『원각경』에 말하기를, 도(道)를 성취하여도 역시 얻을 수
없다는 것은 본성(本性)이 원만하기 때문이라고 설하고 있다.

---

137)『三註般若波羅蜜多心經』(『卍續藏』26, 800쪽. 중9.)

자수선사회심(1077-1132, 혜림, 혜심)께서는 다음과 같이 설했다.

深云, 菩提薩埵, 依般若波羅蜜多者, 此句明所證之人也. 故者, 連前起後之辭. 梵語菩提薩埵, 此云覺有情, 覺者, 所求果, 情者, 所度之境也. 心無罣礙者, 涅槃經云, 無罣礙處, 名為虛空, 如來得阿耨多羅三藐三菩提, 於一切法, 無有罣礙.[138]

자수선사회심(1077-1132, 혜림, 혜심)께서 말씀하시기를, 보리살타가 반야바라밀다를 의지한다고 하는 이 구절(句節)은 증득하는 사람을 분명하게 하는 것이다.

고(故)라고 하는 것은 연이어 이전에 일어난 것에 대하여 이후에 설명하는 것이다.

범어로 보리살타라고 하는 이 말은 번역하면 유정(有情, 중생심)을 자각하는 것이고 각(覺)은 과위(果位)를 구(求)하는 것이고, 정(情)은 자신의 대상경계를 제도(濟度)하는 것이다.

마음에 장애가 없다는 것을 『열반경』에서는 장애받는 것이 없으므로 허공과 같다고 말하고, 여래가 아뇩다라삼먁삼보리를 체득했다고 하며 일체법에 장애받을 것이 없다고 하는 것이다.

---

138) 『三註般若波羅蜜多心經』(『卍續藏』 26, 800쪽. 중12.)

제바께서는 이무소득고, 보리살타 의반야바라밀다고, 심무가애를 다음과 같이 설했다.

以無所得故. 菩提薩埵, 依般若波羅蜜多故, 心無罣礙. 愚情逐境, 動念為罣. 慧識澄神, 即無所滯. 故言無罣礙.[139]

이무소득고 보리살타 의반야바라밀다고 심무가애에서 정(情, 중생심)을 만나면 경계를 따르게(逐)되어 망념이 살아나게(動) 되니 걸림이 있게 되는 것이다.

지혜가 정신을 맑게 하는 것이라는 것을 알면 즉 의식의 대상으로 막히는 것이 없게 되는 것이다. 그러므로 마음에 걸림이 없다고 말하는 것이다.

---

139) 『註般若波羅蜜多心經』(『卍續藏』26, 722쪽. 상22.)

2) 無罣礙故 無有恐怖에서 마음에 장애가 없기 때문에 일체에서 두려움이 없게 되는 것이다. 즉 진여의 지혜를 실천하는 보살로 생활하니 마음에 장애가 없게 되므로 자신이 두려워하는 것이 없다는 것을 진여의 지혜라고 다시 반복하여 설하고 있는 것이다.

이것을 다음에 나오는 전도몽상을 영원히 벗어나게 되어 열반적정을 이루게 된다고 설하고 있는 것이다.

대전께서는 무가애고 무유공포를 다음과 같이 설하고 있다.

如千燈照室, 其光遍滿, 一切幻化, 總無障礙, 東去無窮, 西去無極, 縱橫自在. 拘係不能得, 千聖不奈何.[140]

수많은 등불이 방을 밝히면 그 빛이 가득하여도 모두가 환화와 같고 모두 장애가 없듯이 동쪽으로 가도 끝이 없고 서쪽으로 가도 끝이 없듯이 종횡(縱橫)하는데 자유자재한 것이다. * (광명은 어디에도 장애가 없는 것이다.)

어디에도 속박되지 않으니 천성(千聖)이 와도 어찌 할 수가 없는 것이다.

---

140) 『般若心經註解』卷1(『卍續藏』26, 950쪽. 상17.)

혜충께서는 다음과 같이 설하고 있다.

無罣礙故, 無有恐怖.
忠云, 心無所著, 有何所求, 心不可得, 恐怖誰生. 故云, 無有
恐怖.[141]

무괘애고 무유공포를 혜충국사(?-775)께서 말씀하시기
를, 마음에 집착하는 것이 없으면 무엇을 추구할 것이 있을
것이며, 마음은 얻는 것이 아니니, 공포가 어찌 생기겠는가?
그러므로 공포가 없다고 하는 것이다.

---

141)『三註般若波羅蜜多心經』(『卍續藏』26, 800쪽. 중17.)

자수선사회심(1077-1132, 혜림, 혜심)께서는 다음과 같이 설하고 있다.

深云, 凡夫迷失本心, 如人夜行險徑, 常懷惶怖, 今斯照徹, 恐怖何來.[142]

자수선사회심(1077-1132, 혜림, 혜심)께서 말씀하시기를, 범부들이 미혹하여 본심을 잃어버린 것은 사람이 밤에 험한 지름길(徑)을 가는 것과 같아서 항상 두려움을 품고 있는 것과 같은데 지금 그것을 철저하게 반조하면 공포가 어디에서 오겠는가?

제바께서 다음과 같이 설하고 있다.

無罣礙故, 無有恐怖, 遠離一切顚倒夢想.
即明世間執妄, 所謂焰中見水, 空中見華, 乾闥婆城, 如水龜毛, 如走菟角, 如石女生兒. 世間五欲, 榮華富貴等, 亦復如是. 愚者謂實, 貪愛心生, 苦惱便至, 恐怖何疑. 背正故名顚倒, 無常故名夢想. 智者了達, 夢想空幻, 本性無生, 生由妄念, 菩薩常諦, 邪心不起, 恐怖無從, 正定心神, 顚倒情息. 故言無有恐怖, 遠離顚倒夢想.[143]

---

142) 『三註般若波羅蜜多心經』(『卍續藏』 26, 800쪽. 중20.)
143) 『註般若波羅蜜多心經』(『卍續藏』26, 722쪽. 중2.)

무가(괘)애고 무유공포 원리전도몽상은 즉 세간의 망집(妄執)을 분명하게 밝힌 것으로 소위(所謂) 말하기를 망념으로 불꽃속에서 물(水)을 본다고 하는 것, 허공 속에서 꽃(空華)을 보는 것을 말하는 것으로 건달바성(환상의 성)을 본다고 하는 것, 물에서 거북이 털을 찾는 것, 달리는 토끼의 뿔을 찾는 것과 같은 것, 석녀(石女)가 아이를 낳는 것과 같은 것들을 분명하게 밝힌 것을 (원리전도몽상이라고)말하는 것이다.

세간의 오욕(五欲, 이목구비심, 안이비설심, 색성향미촉의 집착으로 생기는 정욕(情欲), 재색명예음식수면)과 부귀(富貴)영화(榮華)등이 역시 이와 같은 것이다.

즉 어리석은 이는 (이런 것들을) 진실이라고 하여 탐애(貪愛)하는 마음이 생기게 되어 바로 고뇌(苦惱)가 되는 것이고, 공포(恐怖)는 무엇을 의심하여 생기는 것이다.

바른 것을 배반하는 것을 전도(顚倒)라고 말하는 것이고, 항상(恒常)하는 것이 없으므로 몽상(夢想)이라고 하는 것이다.

＊ (탐애가 없으면 마음에 걸림이 없는 것이고, 삼학(三學)에 맞게 진여의 지혜로 생활하면 전도몽상이 없게 되어 두려움도 없게 되는 것이다.)

지혜로운 이는 몽상(夢想)을 환상(空幻)이라고 요달하고 본성(本性)은 무생(無生)이므로 생(生)은 망념으로 인하여 생기는 것이다.

보살은 항상 자신의 마음을 살피니 사심(邪心)이 생기지 않는 것이므로 공포가 따르지 않는 것이고, 바른 심신(心神)이

정해졌으니(定) 전도(顚倒)된 마음(情, 중생심)을 쉬게 되는
것이다. 그러므로 말하기를 공포가 없으므로 전도몽상을
멀리 여의었다고 하는 것이다.

3) 遠離顚倒夢想 究竟涅槃에서 전도몽상을 영원히 벗어나게 되어 열반적정을 이루게 된다고 설하고 있는 것은 반야바라밀다를 실천하는 진여의 지혜에 의한 것이라고 하고 있는 것이다.

자신이 삼학(三學)에 맞게 살아간다면 삼세(三世)의 제불(諸佛)과 같다고 하는 것이고, 진여의 지혜에 의하면 두려움을 벗어나게 되어 전도몽상을 벗어난다고 설하고 있는 것이다.

대전께서는 원리전도몽상 구경열반을 다음과 같이 설하고 있다.

若要遠離, 先斷貪欲. 衆生輪迴, 顚倒不息, 如夢幻泡影, 流轉世間, 終無了期. 若有人打得透, 永免顚倒夢幻.
竟者盡也, 窮盡之法, 廓徹無也, 萬緣頓息. 離四句, 絶百非, 知見無見, 斯則涅槃. 如何是涅槃, 咫尺之間不睹師.[144]

원리전도몽상에서 만약에 (전도몽상을) 멀리 여의기를 바란다면 먼저 탐욕을 단절해야 한다. 중생들이 윤회하며 전도(顚倒)몽상(夢想)을 쉬지 못하는 것은 꿈과 환상과 물거품과 그림자와 같은 것을 추구하며 세간에서 유전(流轉, 윤회)하고 있으니 끝내 깨달아 마칠 수가 없는 것이다.

만약에 어느 사람이 이것을 타파하여 투득(透得)하면 영원

---

144) 『般若心經註解』卷1(『卍續藏』26, 950쪽. 상19)

히 전도(顚倒)된 꿈과 환상을 벗어나게 되는 것이다.

구경열반에서 경(竟)이라는 것은 다한다는 것이고 궁극적
으로 망념이 다한 것을 법이라고 하며 확연히 철저하게 망념이
없게 되면 만연(萬緣)을 바로 쉬게 되는 것이다.

사구(四句)를 벗어나고 백비(百非)를 끊어버리고 유견(有
見)과 무견(無見, 斷見)을 깨달으면 이것이 바로 열반이다.
무엇을 열반이라고 하는가하면 지척(咫尺)간에 있어도 스승
(師)을 분별하여 보지 않는 것이다.

혜충께서는 다음과 같이 설했다.

遠離一切顚倒夢想.
忠云, 心外求法, 爲顚. 心內觀空, 名之爲倒. 無中計有,
名之爲夢. 心之所緣, 名之爲想. 忽悟心源, 了無所得. 故云,
遠離一切, 顚倒夢想.
究竟涅槃.
忠云, 心若有生, 卽有可滅. 心本無生, 實無可滅, 無生無滅,
名爲涅槃. 究者, 窮也. 竟者, 盡也. 三世塵勞妄念, 本無生滅.
故云, 究竟涅槃.[145]

원리일체전도몽상을 혜충국사(?-775)께서 말씀하시기
를, 마음 밖에서 법을 추구(追求)하는 것을 전(顚, 정수리,
꼭대기, 本心)이라고 한다.

마음 내부를 공(空)이라고 관(觀)하는 것을 도(倒, 거꾸로,
넘어지다)라고 하는 것이다.

아무 것도 없는 것에서 계략으로 있는 것이라고 하는 것을
몽(夢)이라고 하는 것이다.

마음으로 인연하는 것을 있는 것이라고 조작하여 만들어
내는 것을 상(想)이라고 하는 것이다.

홀연히 마음의 근원을 (空으로) 깨달으면 무소득(無所得,
무소유)이라는 것을 요달하게 되는 것이다. 그러므로 일체의

---

145) 『三註般若波羅蜜多心經』(『卍續藏』 26, 800쪽. 중22.)

전도(顚倒)몽상(夢想)을 멀리 벗어났다고 하는 것이다.

구경열반을 혜충국사(?-775)께서 말씀하시기를, 마음에 만약에 망념이 생기면 즉 반드시 사라지는 것이 있게 되는 것이다.

마음(佛心, 本心)에는 본래 망념이 생기는 것이 없는 것(無生)이므로 실제로 반드시 사라지는 것도 없는 것이다. 망념이 생기는 것도 없고(無生) 망념이 사라지는 것도 없는 것(無滅)을 이름 하여 열반(涅槃)이라고 한다.

구(究)는 궁구(窮究)한다는 것이고, 경(竟)은 다하여 마친다는 뜻이다. 삼세(三世)의 미세한 망념도 본래에는 생멸(生滅)이 없는 것이다. 그러므로 구경(究竟)에는 열반이라고 하는 것이다.

부용선사도해(1043-1118)께서는 다음과 같이 설하고 있다.

楷云, 心無罣礙, 乃至遠離一切, 顚倒夢想者, 此皆凡夫, 十八界事判此, 諸聖且無, 何況凡夫也.
楷云, 體如虛空, 不受裝點.[146]

부용선사도해(1043-1118)께서 말씀하시기를, 마음에 장애가 없다는 것에서 일체의 전도몽상을 멀리 벗어났다는 이것은 모두 범부가 18계의 일대사를 이와 같이 판별하면 모든 성인(聖人)도 장차(且) 없게 되는 것인데 어찌 하물며 범부(凡夫)가 있겠는가?

부용선사도해(1043-1118)께서 말씀하시기를, 본체가 허공과 같다는 것은 한 점(點, 망념)의 장식(裝飾)도 받아들이지 않는다는 것이다.

---

146) 『三註般若波羅蜜多心經』(『卍續藏』 26, 800쪽. 하2.)

자수선사회심(1077-1132, 혜림, 혜심)께서는 다음과 설하고 있다.

深云, 顚倒夢想者, 皆虛妄之法也. 凡夫因迷此心, 認無作有, 如癡猿捉月, 似狂犬吠雷. 聖人已證妙慧, 皆能遠離也.
　深曰, 梵語涅槃, 此云圓寂, 德無不備, 曰圓. 障無不盡, 曰寂. 不同小乘之人, 化城權立, 今則一得永得. 故云, 究竟也.[147]

자수선사회심(1077-1132, 혜림, 혜심)께서 말씀하시기를, 전도몽상이라는 것은 모두가 허망한 법이라는 것을 말하는 것이다.

범부들이 미혹하여 이 마음에 없는 것을 있다고 오인(誤認)하여 조작하는 것은 어리석은 원숭이가 달을 잡으려는 것과 같이 하고, 미친개가 천둥소리를 듣고 짖는 것과 같이 하고 있는 것이다.

성인은 이미 현묘한 지혜를 증득하였으므로 모두를 능히 멀리 벗어나게 된 것이다.

자수선사회심(1077-1132, 혜림혜심)께서 말씀하시기를, 범어로 열반은 번역하면 원적(圓寂)이고 덕(德)이 구족되지 않은 것이 없는 것을 원(圓)이라고 하며, 장애(障)로 인하여 다하지 못하는 것이 없는 것을 적(寂)이라고 한다. 소승의

---

147) 『三註般若波羅蜜多心經』(『卍續藏』 26, 800쪽. 하4.)

사람들이 방편으로 화성(化城)을 건립한 것과는 다른 것이고, 지금 바로 진여의 지혜로 열반을 증득하면 영원히 체득하게 되는 것이다. 그러므로 말하기를 구경이라고 하는 것이다.

제바께서는 다음과 같이 구경열반을 설하고 있다.

究竟涅槃.
即明一切法及行者, 身中佛性. 本自不生, 今則無滅. 故言究竟涅槃.[148]

구경열반에서 즉 일체법을 명확하게 밝히는 것과 행(行)하는 것은 자신중의 불성(佛性)을 밝히는 것이고 불성(佛性)으로 행하는 것이다. 본래는 망념은 스스로 생기는 것이 없으므로 지금 사라지는 것도 없는 것이다.

그러므로 구경(究竟)에는 열반적정이라고 하는 것이다.

---

148) 『註般若波羅蜜多心經』(『卍續藏』26, 722쪽. 중10.)

7. 三世諸佛, 依般若波羅密多故, 得阿耨多羅三藐三菩提.(삼세제불 의반야바라밀다고 득아뇩다라삼먁삼보리)

삼세(三世)의 제불(諸佛)도 모두가 반야의 지혜를 실천하여 육도윤회를 벗어나는 것에 의지하였으므로 무상정각을 체득하게 된 것이다.

1) 三世諸佛은 과거, 현재, 미래의 모든 부처를 말하는 것으로 시간적인 부처를 말하는 것이나 시공을 초월한 진여의 지혜에 의하여 부처가 탄생하는 것이다.

그러므로 아공(我空)·법공(法空)이 되는 것은 시간적인 주체를 벗어나고 의식의 주체를 초월한 몰종적의 조사(祖師)가 되는 것을 말하고 있는 것이다.

이것을 삼세(三世)제불(諸佛)이라고 하는 것으로 누구든지 할 수 있기에 천상천하유아독존이라고 한 말을 잘 알아야 할 것이다.

시간을 초월하게 하려고 삼세(三世)의 제불(諸佛)이라고 한 것이지 항하사겁 이전의 과거로 돌아가기를 바란 것은 아닌 것이다.

부처는 진여의 지혜를 체득하여 삼학(三學)에 맞게 항상 여여하게 살아가는 사람을 말하는 것이므로 누구나 할 수 있고 누구나 해야 하는 것이다.

그러므로 천상천하유아독존이 되어 종교(宗敎)가 되는 것이다.

＊ 숙명통이라고 하여 항하사겁이전의 과거흔적을 찾아서

202

중생심의 지식으로 깨닫는다고 하면 무슨 소용이 있겠는가?

중생심의 숙명(宿命)을 공(空)으로 돌이켜 아공(我空), 법공(法空)이 되게 하는 지혜를 구족하는 것이 숙명통이다.

숙명통은 자신이 지금 이전에 한 일들을 진여의 지혜로 불법(佛法)에 맞게 자각(自覺)하여 차별 분별없이 아는 지혜를 말하는 것이다.

대전께서는 삼세제불을 다음과 같이 설하고 있다.

迢迢空劫, 盡在如今, 放光動地, 人法俱妄, 不見有過去未來現在, 三世自空. 非識滅空, 識性自空.[149]

아득한 공겁(空劫)이전에서 부터 자유자재하여 모두 현재와 같이 지혜가 방광(放光)하여 세상을 놀라게 하니 인법(人法, 중생심)이 모두 허망하게 되어 과거, 미래, 현재를 있다고 보지 않게 되니 삼세(三世)가 스스로 공(空)하게 되는 것이다. 식(識)이 사라져 공(空)하게 되는 것이 아니고 식(識)의 본성(本性) 자체가 공(空)한 것이다.

* 不生謂涅, 不死謂槃.[150]

망념(妄念)이 불생(不生, 생기지 않는 것)하는 것을 열(涅)

---

149) 『般若心經註解』卷1(『卍續藏』26, 950쪽. 상23.)
150) 『金剛經淺解』卷1(『만속장』25, 361쪽. 상10.): 「無餘(剩習氣煩惱與形相知識, 直到不生謂)涅(不死謂)槃(之地 將歷劫受生之累)」

이라고 하고 본성(本性)이 불사(不死, 사라지지 않음)하는
것을 반(槃)이라고 하는 것이다.

2) 依般若波羅密多故는 삼세의 제불도 반야바라밀다에 의지하기 때문에 무상정각을 체득한 것이라고 하고 있다.

반야바라밀다는 앞에 설명하였지만 진여의 지혜로 육도윤회를 뛰어넘어 피안의 세계에 도달하여 생활하는 것을 말하는 것이다.

그러므로 다음의 무상정각인 진여의 지혜를 삼학(三學)에 맞게 체득하여 몰종적을 실천하는 조사(祖師)나 제불(諸佛)이 되었다는 것을 불법(佛法)에 맞게 확인하고 검정하는 것이다.

반야바라밀다에 의하여 아뇩다라삼먁삼보리를 체득하였다고 하는 것은 반야바라밀다가 정각을 체득했다는 것이 되는 것이다.

대전께서는 의반야바라밀다고를 다음과 같이 설하고 있다.

波羅蜜多, 正法眼藏, 十方諸佛, 依此修行, 員成正覺, 自悟
自性, 不容記授. 若有傳授, 盡是外道邪見. 六代祖師, 自脩自
證, 亦無一法與人.[151]

바라밀다(波羅蜜多)와 정법안장(正法眼藏)은 시방(十方)
의 제불(諸佛)께서도 이 언구(言句)에 의지하여 수행을 하여
원만한 정각을 성취하신 것으로 스스로 자성(自性)을 깨달은
것이며 수기(授記)하는 것을 허용하지 않는다.
만약에 전수(傳授)한 법이 하나라도 있다고 한다면 모두가
사견(邪見)을 가진 외도(外道)가 되는 것이다.
육대(六代)의 조사(祖師)께서도 자신이 수행하고 자신이
증득한 것이고 역시 한 법(法)도 타인에게 줄 수 있는 것은
없다고 하신 것이다.
＊ 불법(佛法)을 수행하여 실천하지 않으면서 누구에게서
법(法)을 받았다고 한다면 외도(外道)이고, 계급화하고, 또
소승(小乘, 불법에 따라서 똑같이 수행하는 것)불교를 택한다
면 반야지혜가 아닌 것이다.

---

151) 『般若心經註解』卷1(『卍續藏』26, 950쪽. 중3.)

3) 得阿耨多羅三藐三菩提라는 것은 공(空)과 불공(不空)을 아는 것이고, 체(體)와 용(用)을 아는 것이고, 이(理)와 사(事)를 정확하게 아는 것이다.

탐진치를 삼학(三學, 계정혜)으로 전환하여 생활하는 것을 자신이 불법(佛法)에 맞게 정확하게 알고 살아가는 몰종적의 조사(祖師)라고 하는 것이다.

무상정각을 체득했다는 것은 성인의 과위까지도 초월했다는 것이다. 이것이 몰종적의 조사이다.

대전께서는 득아뇩다라삼먁삼보리를 다음과 같이 설하고 있다.

阿言無, 耨多羅言上, 三藐三菩提正眞也. 依此四箇字修證, 直超聖果.[152]

아(阿)는 없다는 말이고, 뇩다라는 위라는 말이며, 삼먁삼 보리는 정진(正眞)이다. 이 네 개(無上正眞)의 글자에 의지하 여 수행하면 곧바로 성인의 과위(聖果)조차도 바로 초월하게 되는 것이다.

혜충께서는 삼세제불 의반야바라밀다고 득아뇩다라삼먁 삼보리를 다음과 같이 설하고 있다.

三世諸佛, 依般若波羅蜜多故, 得阿耨多羅三藐三菩提. 忠云, 過去, 現在, 未來, 煩惱無明, 塵勞妄念, 本來淸淨. 故云, 三世諸佛, 自達本智, 無所染著. 故云, 依般若波羅蜜多 故. 得阿耨多羅三藐三菩提者, 此梵語, 唐言, 阿之言無, 耨多 羅者, 上, 三藐言正, 三菩提言眞, 此云無上正眞之道. 若信自 心本來是佛, 故云, 得阿耨多羅三藐三菩提也.[153]

삼세제불 의반야바라밀다고 득아뇩다라삼먁삼보리를 혜

---

152) 『般若心經註解』卷1(『卍續藏』26, 950쪽. 중6.)
153) 『三註般若波羅蜜多心經』(『卍續藏』26, 800쪽. 하15.)

충국사(?-775)께서 말씀하시기를, 과거, 현재, 미래의 무명(無明)의 번뇌와 세간의 망념도 본래는 청정한 것이다.

그러므로 말하기를 삼세제불은 스스로 근본적인 진여의 지혜를 통달한 것으로 대상에 오염되고 집착하는 것이 없는 것이다. 이것을 반야바라밀다에 의지한다고 하는 것이다.

그리고 득아뇩다라삼먁삼보리는 범어이고 당나라 말로 번역하면 아(阿)는 없다는 말이고, 뇩다라는 위(上)라는 것이고, 삼먁은 바른 것이고, 삼보리는 진실이라는 뜻으로 이것을 번역하여 말하면 한 없이(無上) 바르고 진실한(正眞) 진여의 지혜로 생활하는 것을 뜻하는 것이다.

만약에 자기 자신의 마음을 본래 부처라고 확신하는 것을 말하여 아뇩다라삼먁삼보리를 체득했다고 하는 것이다.

부용선사도해(1043-1118)께서는 다음과 같이 설하고 있다.

楷云, 三世諸佛, 盡處不爲家, 空處不爲座, 向無心道上 成等正覺.[154]
진(盡)

부용선사도해(1043-1118)께서 말씀하시기를, 삼세제불은 막다른 곳(끝, 어디에서나)에서도 (망념으로) 생활하지 않는 것이고, 공처(空處, 한적한 곳, 空의 경지)에서 좌선하지 않는 것이고, 무심(無心, 망심이 없는 것)으로 지혜로운 생활을 하여 부처의 올바른 깨달음을 성취하는 것이다.

자수선사회심(1077-1132, 혜림혜심)께서는 다음과 같이 설하고 있다.

深曰, 梵語, 阿耨多羅三藐三菩提, 此云, 無上正遍知覺, 是聖人所證之, 極果也. 三世諸佛, 莫不皆依般若, 而成正覺也.[155]

자수선사회심(1077-1132, 혜림, 혜심)께서 말씀하시기를, 범어로 아뇩다라삼먁삼보리를 번역하면 무상(無上) 정변

---

154) 『三註般若波羅蜜多心經』(『卍續藏』 26, 800쪽. 하23.)
155) 『三註般若波羅蜜多心經』(『卍續藏』 26, 801쪽. 상1.)

210

지(正遍知)를 깨달은 것으로 성인이 증득하는 궁극적인 결과인 것이다.

삼세제불이 반야의 지혜에 의하지 않고 정각을 이룬 이는 아무도 없는 것이다.

제바께서는 삼세제불 의반야바라밀다고 득아뇩다라삼먁삼보리를 다음과 같이 설하고 있다.

三世諸佛, 依般若波羅蜜多故, 得阿耨多羅三藐三菩提.
三世者, 即過去未來現在也. 諸者言一切. 佛者梵音, 此云覺, 自覺覺他, 覺了一切, 故名為佛. 所言依般若波羅蜜多者, 即是依智慧, 到彼岸支. 言得阿耨多羅三藐三菩提者, 此云無上正真, 等正覺道. 是故道心, 眾生觀照, 不見有苦樂可得故. 則無物能累, 故言無上. 所證非虛非邪, 故言正真. 於自他相, 了無分別, 而善覺一切諸根 利鈍進退之志, 故言等正覺果. 證此果, 皆由智慧. 所言得者, 如前釋得無所得. 行此觀者, 即遊解脫之逕, 故言道也. [156]

삼세제불 의반야바라밀다고 득아뇩다라삼먁삼보리에서 삼세(三世)는 즉 과거, 미래, 현재를 말하는 것이고, 제(諸)란 일체(一切)를 말하는 것이다.

불(佛)이란 범음으로 이곳에서는 각(覺)이라고 하며 자성

---

156) 『註般若波羅蜜多心經』(『卍續藏』26, 722쪽. 중13.)

(自性)을 깨달아 아는 것(覺)을 말하는 것이고, 자성(自性)을 깨달아 타인(他人)을 깨닫게 하며, 일체(一切)를 깨달아 요달한 이를 부처라고 말하는 것이다.

반야바라밀다에 의지한다고 말하는 것은 즉 지혜에 의지하여 피안에 도달하는 것을 말하는 것이다.

아뇩다라삼먁삼보리를 체득했다고 말하는 것은 무상(無上, 최고)의 진여의 지혜를 체득(正眞等正覺)하여 실천하는 것을 말한다.

그러므로 진여의 지혜로 생활하기를 구하는 마음을 가진 중생이 자신을 관조(觀照)하면 고락(苦樂)이 존재하는 것이 아니라는 것을 바르게 체득하게 되는 것이다. 즉 중생이 능히 속박(累)받는 것이 없게 되므로 무상(無上)이라고 말하는 것이다.

증득(證得)하는 것은 허망하고 삿된 것이 아니므로 정진(正眞)이라고 말하는 것이다.

자타(自他)의 상(相)을 무분별(無分別)이라고 요달(了達)하면 일체의 제근(諸根)이 이둔(利鈍)진퇴(進退)하는 의지(意志)의 근본을 깨닫는 것이므로 등정각(等正覺)의 과(果)라고 말하는 것이다. 이 과위(果位)를 증득하는 것은 모두가 진여의 지혜로 말미암은 것이다.

소위 체득했다고 하는 것은 앞에 설명한 것처럼 무소득(無所得)을 체득했다고 풀이한 것이다.

이와 같이 관조하여 행하는 것이 즉 유유자적하게 해탈하는 첩경이다. 그러므로 도(道)라고 말하는 것이다.

8. 故知般若波羅蜜多, 是大神呪, 是大明呪, 是無上呪, 是無等等呪(고지반야바라밀다 시대신주 시대명주 시무상주 시무등등주)

그러므로 반야의 지혜를 실천하여 육도윤회를 벗어나서 부처로 살아가게 하는 이것은 위대하고 신령스런 진실한 말씀이고, 위대한 지혜로 하는 진실한 말씀이며, 최고의 진실한 말씀으로, 부처의 진실한 말씀이 되는 것이라는 사실을 알아야 하는 것이다.

1) 故知般若波羅蜜多 是大神呪에서 그러므로 반야바라밀다에 의하여 삼세제불들도 무상정각을 체득하였으므로 위대하고 신령한 말씀이라고 하는 것이다.

반야바라밀다라는 진여의 지혜로 생활하는 것을 말하고 있는 것인데 이것은 지혜를 모체(母體)로 하여 부처가 탄생한다는 말을 다시 하고 있는 것이다.

일체의 고액(苦厄)을 제거(除去)하는 것이고 허망한 것이 아니라는 것을 계속하여 강조하고 있는 것이다.

일체의 차별분별을 벗어난 공(空)을 진여(眞如)라고 하는 것으로 만법일여(萬法一如)가 되어야 자신이 삼매(三昧)의 경지를 이루게 되는 것이다.

이와 같이 공(空)에 의하여 진여의 지혜를 구족하였으면 이 진여의 지혜로 불법(佛法)에 맞게 자신이 실천해야 하는 것을 행심(行深)반야바라밀다라고 한 것이기에 대신주(大神呪, 總持)라고 하는 것이다. 자신이 지식으로 하는 것이 아니

고 진여의 지혜로 자신이 해야 하기에 신령하고 진실한 말씀이
라고 하는 것이다.

대전께서는 다음과 같이 설했다.

　　圓頓之位, 不立名字. 若自學解, 就人馳求, 終不成就.
　此呪, 亦是衆生具足心, 得此法門, 有大神通. 反眞歸源, 魔
　宮震動.[157]

(고지반야바라밀다)에서 원돈(圓頓)의 지위는 명자(名字,
名色,[158] 언어문자와 형상)로 나타내는 것이 아니다. 　만약에
자신이 지식으로 배워 깨달으려고 하면서 다른 사람을 추종하
며 향외치구(向外馳求)한다면 영원히 성취(成就)하지 못하는
것이다.

(시대신주)에서 이 주문(진실한 말씀)은 역시 중생들도
모두 구족하고 있는 마음이므로 이 법문(法門)을 체득하면
위대한 신통이 있게 된다.

(진여의 지혜로 생활하면) 진성(眞性, 진여의 본성)인 근원
(根源)으로 돌아가게 되어 마왕의 궁전(중생심)이 진동(震動)
하여 파괴되는 것이다.

---

157) 『般若心經註解』卷1(『卍續藏』26, 950쪽. 중7.)
158) 『般若心經添足』卷1(『卍續藏』26, 873쪽. 상22.): 「名色者, 名卽心, 色卽身
　　也.(從托母胎, 至第五箇七日, 生諸根形, 四肢差別, 是爲名色.)」
　　『華嚴原人論發微錄』卷3(『卍續藏』58, 735쪽. 중19.): 「在母胎中三十五箇七
　　日人相具足卽漸成也」

제바께서는 다음과 같이 설했다.

故知般若波羅蜜多, 是大神呪.
神呪者, 即是總持義也. 智慧能持一切, 故言總持. 因是智
慧, 故證果非小. 故言是大神呪.[159]

고지반야바라밀다 시대신주에서 신주(神呪)란 즉 총지(總
持)라는 뜻이고, 진여의 지혜는 능히 일체를 가진 것이므로
총지(總持)라고 하는 것이다.

이런 진여의 지혜이므로 증득하는 것(果位)은 적은 것(小)
이 아닌 것이다. 그러므로 이것을 위대하고 신령한 올바른
말씀이라고 하는 것이다.(大神呪)

---

159) 『註般若波羅蜜多心經』(『卍續藏』26, 722쪽. 중24.)

2) 是大明呪 是無上呪 是無等等呪에서 대명주(大明呪)를 위대한 지혜로 하는 진실한 말씀이라고 한 것은 진여의 지혜에 의하여 분명하게 진실이 나타나서 전도몽상을 벗어나 살아가게 하는 것이므로 대명주(大明呪, 진여의 지혜로 하는 진실한 말씀)라는 것이다.

무상주(無上呪)는 진여의 지혜에 의하여 자신이 무상(無上)정각(正覺)을 체득하게 하는 진실한 말씀이므로 무상주(無上呪, 최고의 말씀)라고 하는 것이다.

무등등주(無等等呪)라고 하는 것은 지식으로는 도달하지 못하는 것을 무등등(無等等)이라고 하는 것이므로 부처의 진실한 말씀이라고 하는 것이다.

그러므로 진여의 지혜에 의하여 일체의 고액(苦厄)을 제거하는 것이 실제이고 허망(虛妄)한 것이 아니라는 것을 다시확인 시키고 있는 것이다. 이와 같이 반복하여 강조하고 있는 것은 언어문자로 표현하는 것으로는 이 내용을 모두 전달하는데 어려움이 있기에 자비로 설법하신 것이다.

대전께서는 다음과 같이 설하고 있다.

心光發現, 普照十方.
一切萬法, 無能越者, 是大明 無上呪.[160]

---

160) 『般若心經註解』卷1(『卍續藏』26, 950쪽. 중9.)

(시대명주)는 불심(佛心)의 지혜가 발현(發現, 출현)하여 시방법계를 널리 비추게 되는(普照) 것이다.

(시무상주)는 일체의 만법(萬法)은 이것을 벗어날 수 없으므로 대명주(大明呪)이고 무상주(無上呪)라고 하는 것이다.

혜충께서는 다음과 같이 설했다.

故知般若波羅蜜多, 是大神呪, 是大明呪, 是無上呪, 是無等等呪.

忠云, 呪者, 契也, 如來密印, 心行俱契, 故名爲呪. 又呪者, 定也, 自達本心, 無有動靜. 又呪者, 無也, 無心見心, 故名爲呪. 此有多義, 不可具宣, 眾生本心, 無有邊際, 往反無礙, 實不動搖. 故名爲大神呪. 心本淸淨, 湛然常住, 圓照法界, 應現無窮, 是大明呪. 一切萬法, 不出於心, 無能超者, 是無上呪. 心之一字, 不屬有無, 罔測邊際, 無能比者, 是無等等呪也.[161]

고지반야바라밀다 시대신주 시대명주 시무상주 시무등등주를 혜충국사(?-775)께서 말씀하시기를, 주(呪)라고 하는 것은 여래(如來)의 밀인(密印)과 계합(契)하는 것으로 심행(心行)이 모두 계합하는 것을 이름 하여 주(呪)라고 하는 것이다.

---

161) 『三註般若波羅蜜多心經』(『卍續藏』 26, 801쪽. 상4.)

또 주(呪)라고 하는 것은 선정(禪定)이라고 하는 것으로 스스로 본심(本心)을 통달하여 동정(動靜)이 없는 것을 말하는 것이다.

또 주(呪)라고 하는 것은 망심이 없다(無)는 뜻으로 무심(無心, 망심이 없는 것)으로 마음을 친견한다는 것을 주(呪)라고 하는 것이다.

이것은 다양한 뜻이 있지만 모두 구족하게 선설(宣說)하는 것은 불가능하고 중생의 본심(本心)은 끝(경계)이 없어서 장애 없이 왕복하여도 본심의 실제는 동요(動搖)하는 것이 아니다. 그러므로 이름 하여 대신주(大神呪, 위대하고 신령한 진실된 말씀)라고 하는 것이다.

마음은 본래 청정하여 담연(湛然)하게 상주(常住)하니 법계를 원만하게 반조하여 응현(應現)하는 것이 무궁하므로 대명주(大明呪)라고 하는 것이다.

일체의 만법(萬法)은 마음을 벗어나는 것이 아니므로 능히 초월할 수 없는 것을 무상주(無上呪)라고 하는 것이다.

마음 심(心)이라는 이 한 자(字)는 있고 없다는 차별에 속하는 것이 아니니 경계를 측량할 수 없고(罔) 능히 비유할 수도 없는 것이므로 무등등주(無等等呪)라고 하는 것이다.

자수선사회심(1077-1132, 혜림, 혜심)께서는 다음과 같이 설했다.

深云, 呪者, 是諸佛菩薩秘語也, 能破諸累, 故云, 大神呪.
鑑照不昧, 故曰, 大明呪. 更無過者, 故曰, 無上超越. 絕倫,
故曰, 無等等.[162]

자수선사회심(1077-1132, 혜림, 혜심)께서 말씀하시기를, 주(呪)라는 것은 제불(諸佛) 보살(菩薩)들의 비밀한 말씀으로 능히 모든 속박(累)을 파괴하는 것이므로 말하기를 대신주(大神呪, 위대하고 신령한 진실 된 말씀)라고 하는 것이다.

반조(返照)하여 살펴보아서 몽매(蒙昧)하지 않는 것을 대명주(大明呪, 진여의 지혜로 분명하게 하는 진실한 말씀)라고 하는 것이다.

다시 허물을 없게 하는 것이므로 무상(無上)이고 인륜(倫)을 단절하여 초월하는 것이므로 무등등(無等等)이라고 하는 것이다.

---

162) 『三註般若波羅蜜多心經』(『卍續藏』 26, 801쪽. 상13.)

제바께서는 다음과 같이 설했다.

是大明呪.
愚癡有礙為暗, 智慧圓通, 豈非明. 能因此見智非小. 故言
是大明呪.
是無上呪.
於諸說中, 此演為最. 故言是無上呪.
是無等等呪.
世及二乘智, 比量不能及. 故言是無等等呪.[163]

시대명주에서 우치(愚癡)는 장애가 있으므로 어둡다(暗)고
말하는 것이고, 지혜는 원만하게 통(通)하는 것이니 어찌
밝다고 하지 않겠는가? 능히 이것(장애)으로 인하여 지혜로
친견하게 되니 작은 것이 아니다. 그러므로 이것을 위대한
진여의 지혜로 분명하게 하는 진실한 말씀이라고 하는 것이
다.
시무상주에서 모든 설법(說法) 중에서 이와 같이 설법하는
것을 최상이라고 하는 것이므로 이것을 무상(無上)의 말씀이
라고 하는 것이다.
시무등등주에서 세간과 이승(二乘)의 지혜로는 비량(比量,
비교하여 헤아림)하여도 능히 도달하지 못하는 것이므로 이
것을 무등등(無等等, 부처)의 말씀이라고 하는 것이다.

---

163) 『註般若波羅蜜多心經』(『卍續藏』26, 722쪽. 하3.)

化身 報身 法身

8-1. 能除一切苦. 眞實不虛.(능제일체고 진실불허)

능히 일체의 고액(苦厄)을 제거할 수 있는 진실한 말씀으로 진실로 허망한 것이 아니라는 사실을 알아야 하는 것이다.

1) 能除一切苦 眞實不虛에서 일체의 고액을 능히 제거한다고 하는 것은 진여의 지혜에 의하여 생활하는 것을 다시 강조하여 말하는 것으로 진실하고 허망하지 않다고 하는 것이다.

진여의 지혜로 생활하면 일체의 고액(苦厄)은 없게 되는 것이므로 진실한 것이어서 피안의 세계에서 살게 되어 여래로 살게 된다는 것을 확인하는 말이다.

다시 강조하는 것이지만 앞부분의 "조견오온개공 도일체고액"에서 시작하여 증명하고 확인하는 것이다. 즉 오온이 공이라는 사실을 자신이 관조하여 확인하고 불법(佛法)에 맞게 진여의 지혜로 살아간다면 사족(蛇足)이 필요 없는데 중생들이 계속 의심하므로 인하여 자비로 다시 확인시키고 있는 것이다.

주문(呪文)이라고 하니까 오히려 이 언어문자에 신통이 있는 줄 아는 부작용이 생긴 것은 자비로 설한 것이 오히려 부작용이 된 것이다.

외도들의 방해가 언제나 있었기에 처음부터 이 경을 관자재보살이라고 시작한 이유일 것이다.

혜충께서는 다음과 같이 설하고 있다.

能除一切苦 真實不虛.
　忠云, 一切諸佛, 依此呪心, 獨超三界, 不受輪迴. 故云, 能
除一切苦. 直指本心, 決定是佛, 不假修證. 故云, 真實. 心無
變體, 離諸狂惑, 坦然常住. 故云, 不虛矣.[164]

　능제일체고 진실불허를 혜충국사(?-775)께서 말씀하시
기를, 일체의 제불(諸佛)은 이 진여의 지혜로 생활하는 것(呪
心)에 의지하여 삼계(三界)에서 초월하여 독자적으로 생활하
니 윤회를 받지 않게 된 것이다. 그러므로 능히 일체의 고액(苦
厄)을 제거한다고 말하는 것이다.
　본심(本心)으로 직지(直指)하는 것이 바로 부처라고 결정
된 것이니 수행하여 증득하는 것이 아니므로 진실이라고
하는 것이다.
　마음에 변화하는 본체가 없는 것이니 모든 잘못된 의혹을
벗어나 적정(坦然)한 것이므로 진여의 지혜가 상주(常住)하
는 것이다. 그러므로 허망하지 않다고 하는 것이다.

---

164) 『三註般若波羅蜜多心經』(『卍續藏』 26, 801쪽. 상16.)

부용선사도해(1043-1118)께서는 다음과 같이 설했다.

楷云, 故知般若波羅蜜多, 乃至能除一切苦者, 呪者, 不可言說, 言語道斷, 諸苦諸樂, 一時解脫. 三祖云, 一心不生, 萬法無咎, 真實不虛, 唯此一事實.[165]

부용선사도해(1043-1118)께서 말씀하시기를, 고지반야바라밀다에서부터 능제일체고까지에서, 주(呪)는 말로서 설할 수 없는 것이고, 언어문자로 설명하면 도(道)는 단절되는 것이 되므로 모든 고액(苦厄)과 모든 즐거움에서 바로 해탈(解脫)해야 하는 것이다.

삼조(三祖)께서 말씀하시기를, 하나의 망심(妄心)도 생기지 않으면 만법(萬法)은 허물(咎)이 없게 되어 진실로 허망하지 않게 되는 것을 오로지 이 일대사의 진실이라고 하는 것이라고 하였다.

※ 진여의 지혜로 생활하는 실체를 설명하는 것으로 언어문자로 설하면 부작용이 있다는 것을 말하고 있는 것이다.

그런데 요즘은 이것을 더 악용하고 있으니 언어문자의 부작용으로 이와 같은 현실을 부처와 조사들께서는 말법(末法, 지혜가 없는 것, 지식만 존재)이라고 한 것이다.

---

165) 『三註般若波羅蜜多心經』(『卍續藏』 26, 801쪽. 상21.)

자수선사회심(1077-1132, 혜림, 혜심)께서는 다음과 같이 설했다.

深云, 能除一切苦者, 不了自心, 向外馳求, 皆名為苦, 謂此呪心, 悉能除之. 真實不虛者, 佛語真實, 決無虛妄.[166]

자수선사회심(1077-1132, 혜림, 혜심)께서 말씀하시기를, 능히 일체의 고액(苦厄)을 제거한다는 것은, 자기의 본심(本心)을 요달하려고 하지 않고 향외치구(向外馳求)하면 모두가 고액(苦)이 되는 것이라고 말하는 것이고, 이 주문(呪)의 본심(本心)으로 생활한다면 모두 능히 일체의 고액(苦厄)이 제거되는 것이다.

진실하여 허망하지 않다는 것은 부처의 말씀은 진실하여 결코 허망한 것이 없다는 것을 설명하는 것이다.

＊ 향외치구하지 않고 자신의 본심을 요달하여 진여의 지혜로 생활하면 일체의 고액(苦厄)이 제거되는 것은 진실이라고 설하고 있는 것이다.

즉 진여의 지혜로 생활하는 것이 제일 쉬우면서도 어렵다는 것을 다시 확인하며 강조하는 설명이다.

---

166) 『三註般若波羅蜜多心經』(『卍續藏』 26, 801쪽. 상24.)

제바께서는 다음과 같이 설했다.

能除一切苦.

即明此經, 能除生死, 輪轉之事. 譬如明燈, 能破黑闇. 亦如
妙藥消除諸毒, 復如金鎞, 挑除眼瞙. 舉要言之, 譬如如意摩
尼寶珠, 所求皆得, 所願皆成. 若人能於此經, 成思慧者, 除諸
惡報, 滅三業鄣, 亦復如是. 故言能除一切苦.

真實不虗.

觀行不邪, 證果不謬. 故言真實不虗.[167]

능제일체고에서 즉 이 경전을 분명하게 파악하여 알면
능히 망념으로 생사윤회하는 일에서 벗어나게 되는 것이다.
비유하면 밝은 등불이 캄캄한 어둠을 능히 파괴하는 것과
같다.

또한 신묘한 약(佛法)이 모든 독을 제거하는 것과 같고,
다시 금비(金鎞, 부처의 지혜)를 가지고(挑) 안목(眼目, 눈)의
장애물(瞙)을 제거하는 것과 같은 것이다.

요지(要旨)를 제시하여 말하면 이와 같은 것이고, 비유하여
말하면 모든 것을 얻게 하는 여의마니보주를 구하여 모든
소원을 성취하는 것과 같은 것이다.

만약에 능히 이경을 통달하여 사혜(思慧)[168]를 성취하는

---

167) 『註般若波羅蜜多心經』(『卍續藏』26, 722쪽. 하10.)
168) 사혜(思慧): 삼혜(三慧)의 하나로 도리를 사유하여 생기는 지혜. 문혜(聞慧,
경전의 가르침을 듣고 생기는 지혜), 수혜(修慧, 선정으로 수행하여 생기는
지혜).

이는 모든 악업의 과보를 제거하게 되고, 삼업의 장애를 소멸시키는 것도 역시 이와 같은 것이다. 그러므로 능히 일체의 고액을 제거한다고 하는 것이다.

　진실불허라는 것은 어긋나지 않게 관행(觀行, 觀心의 행법, 자기의 본성으로 관조하여 실천, 진여의 지혜로 생활)을 하면 과위(果位)를 증득하는 것은 어긋나는 것이 아니라고 하는 것이다. 그러므로 진실하여 허망하지 않다는 것이다.

9. 故說, 般若波羅密多呪. 卽說呪曰, 揭諦揭諦, 波羅揭諦, 波羅僧揭諦, 菩提娑婆訶.(고설 반야바라밀다주 즉설주왈 아제아제 바라아제 바라승아제 모지사바하)

그러므로 반야의 지혜를 실천하여 육도윤회를 벗어나는 진실한 말씀을 설하신 것이다. 즉 진실한 말씀으로 설하시기를 (반야의 지혜를 실천하여)출세(出世)합시다. 출세하였습니다. 반야바라밀(반야의 지혜를 실천하여 육도윤회를 벗어나는)을 실천하여 출세(出世)하였습니다. 모두 다 같이 출세(出世)하여 피안(彼岸)에서 살아가기를 서원합니다. 구경에는 진여의 지혜를 체득하여 모두 부처가 되어 살아가는 것입니다.

1) 故說 般若波羅密多呪 卽說呪曰에서 그러므로 반야의 지혜를 실천하여 육도윤회를 벗어나는 진실한 말씀을 설하신 것이다. 즉 진실한 말씀으로 설(說)하시기를(반야의 지혜를 실천하여 출세하고 피안에서 살아가기를 원합니다)라고 하신 것이다.

이것은 공(空)의 실천인 진여의 지혜로 생활하여 삼세제불이 출세(出世, 세속의 번뇌망념에서 벗어남)하신 것이고 열반적정의 경지를 체득하신 것이다.

일체고액의 전도몽상을 벗어나는 방법은 진여의 지혜밖에 없다는 것을 거듭하여 간곡하게 대자비로 지금도 여래(如來)께서 설법하고 계신 것이다.

혜충께서는 다음과 같이 설하고 있다.

故說般若波羅蜜多呪.
忠云, 呪者, 只是衆生本心, 以言指心. 故云, 般若波羅蜜多
呪也. 即說呪曰. 忠云, 發言詮性. 故云, 即說呪曰.[169]

고설반야바라밀다주를 혜충국사(?-775)께서 말씀하시
기를, 주(呪)는 단지 중생(衆生)의 본심(本心)을 언어문자로
지시하는 것이다. 그러므로 반야바라밀다주라고 하는 것이
다.
즉설주왈을 혜충국사(?-775)께서 말씀하시기를, 본성(本
性)을 자세하게 설명하는 말이다. 그러므로 즉설주왈이라고
하는 것이다.

자수선사회심(1077-1132, 혜림, 혜심)께서는 다음과 같
이 설했다.

深云, 故說般若波羅蜜多呪, 即說呪曰者, 欲使一切衆生,
諦聞神呪, 故曰即說.[170]

자수선사회심(1077-1132, 혜림, 혜심)께서 말씀하시기
를, 그러므로 반야바라밀다의 주(呪)를 설한 것이고, 즉 진실

---

169) 『三註般若波羅蜜多心經』(『卍續藏』 26, 801쪽. 중3.)
170) 『三註般若波羅蜜多心經』(『卍續藏』 26, 801쪽. 중8.)

한 말씀(呪文)을 설한다고 하는 것은 일체중생으로 하여금 신령스런 진실한 말씀(呪文)을 듣고 깨닫게 하고자 하는 것이므로 바로 설한다고 하는 것이다.

제바께서는 다음과 같이 설했다.

故說般若波羅蜜多呪.
意在智慧, 到彼岸支. 能總持法, 為脩覺人. 故須說也.
即說呪曰. 意在欲說, 總持偈言.[171]

고설반야바라밀다주에서 의식(意識)을 지혜로 자유자재
하게 활용하면 피안에 도달한 것이다. 능히 법(法)을 총지(總
持)하면 사람을 수행하여 깨닫도록 하는 것이다 그러므로
반드시 설(說)한 것이다.

즉설주왈에서 의지(意旨)를 자유자재하게 설하고자 한 것
은 총지(總持)를 게송(偈頌)으로 설(說)하기 위한 것이다.

---

171) 『註般若波羅蜜多心經』(『卍續藏』26, 722쪽. 하18.)

2) 揭諦揭諦에서 (반야의 지혜를 실천하여)출세(出世)[172] 합시다. 출세하였습니다. 라고 한 것은 gate gate에서 gate는 어근gam에서 gata라는 갔다, 벗어났다 에서 gate라는 처격으로 되어 어디에서 벗어났다라고 번역할 수 있다. 그래서 자신의 망념에서 벗어나 출세합시다라고 번역한 것이다. 그리고 두 번째의 출세하였습니다는 모든 사람들에게 출세하는 지표가 되는 것이다.

이것은 자신이 아공(我空)이 되어야 법공(法空)이 된다는 것을 다시 강조하고 있는 것이다.

이것을 자비의 입장에 따라 피안(彼岸)이나, 출세(出世)하자고 할 수도 있고, 출세나 피안에 도달한 것을 나타낼 수도 있다.

자비심으로 자타(自他)가 망념(妄念)에서 벗어나 출세하기를 바라는 것이고 실제로는 진여의 지혜로 출세해야 한다는 것을 확신하게 하는 것이다.

아제아제의 뜻은 출세하는 법을 다시 요약하여 설한 것이고, 즉 진여의 지혜로 자신이 자각하여 만법(萬法)이 공(空)이라는 사실을 확인해야 하는 것으로 아공(我空)과 법공(法空)이 되는 대승불교를 표방하는 것이다.

---

172) 출세(出世) : 자신의 번뇌망념에서 벗어나는 것. 속세의 망념에서 벗어나는 것.

대전께서는 아제아제를 다음과 같이 설했다.

揭諦者, 人空, 又揭諦者, 法空.

아제(揭諦)라는 것은 인공(人空, 我空)이고, 또 아제(揭諦)
라고 한 것은 법공(法空)을 말한 것이다.

혜충께서는 다음과 같이 설했다.

揭諦揭諦.
忠云, 繫著名揭諦[173]者, 除也, 塵勞妄念, 智慧蕩除. 故云,
揭諦. 又揭諦者, 了心空, 悟身空寂, 了悟身心空寂, 無有二法.
故云, 揭諦揭諦.[174]

아제아제에 대하여 혜충국사(?-775)께서 말씀하시기를,
이어서 명칭으로 아제(揭諦)라고 한 것은 자신의 망념을 제거
하는 것으로 미세한 번뇌 망념을 지혜로 제거하는 것이다.
그러므로 아제(揭諦)라고 하는 것이다.

또 아제(揭諦)라고 한 것은 마음을 공(空)이라고 요달한
것이고, 몸은 공적(空寂)하다고 깨달은 것이다. 신심(身心)이
공적(空寂)하다고 깨달아 요달하면 차별하는 법(法)이 없게
되는 것이다. 그러므로 아제아제라고 하는 것이다.

---

173) 원본에는 諦揭로 되어 있음.
174) 『三註般若波羅蜜多心經』(『卍續藏』 26, 801쪽. 중10.)

제바께서는 다음과 같이 설했다.

揭帝揭帝.

言去去.[175]

아제아제는 진여의 지혜로 수행하여 아공(我空)이 되었고 진여의 지혜로 수행하여 법공(法空)이 되어 출세하라고 가르치고 있는 것이다.

---

175) 『註般若波羅蜜多心經』(『卍續藏』26, 722쪽. 하23.)

3) 波羅揭諦는 반야바라밀(반야의 지혜를 실천하여 육도윤회를 벗어나는 법)을 실천하여 출세(出世)하고 라고 한 것은 pāragate라는 뜻이 출세(出世)를 하되 진여의 지혜로 출세(出世)해야 한다는 것을 다시 강조하고 있는 것이다.

즉 진여의 지혜가 아니면 육도윤회(지옥·아귀·축생·아수라·인간·천인)를 벗어나 출세(出世)할 수 없다는 것을 다시 거듭하여 강조하고 있는 것이다.

대전께서는 바라아제를 다음과 같이 설했다.

到空無所空, 生死永斷, 同到彼岸, 永不受生. 故曰, 波羅揭諦.

바라아제는 공(空)의 경지를 체득하면(到) 공(空)이라는 의식의 대상이 없게 되어 생사(生死)망념(妄念)은 영원히 단절하게 된다. 그러므로 모두가 피안(彼岸)에 도달하여 영원히 망념(妄念)의 윤회는 없게 된다. 이와 같으므로 바라아제(波羅揭諦)라고 하는 것이다.

혜충께서는 다음과 같이 설했다.

波羅揭諦
忠云, 心已淸淨, 有何妄念可除. 故云, 波羅揭諦.[176]

바라아제를 혜충국사(?-775)께서 말씀하시기를, 마음을
이미 청정하게 하였으면 어디에 망념(妄念)이 있어서 가히
제거(除去)할 것이 있겠는가? 그러므로 바라아제라고 하는
것이다.

제바께서는 다음과 같이 설했다.

波羅揭帝.
言彼岸去.[177]

바라아제는 출세(出世)하여 피안(彼岸)에 태어난 것을 말
하는 것이다.

---

176) 『三註般若波羅蜜多心經』(『卍續藏』 26, 801쪽. 중14.)
177) 『註般若波羅蜜多心經』(『卍續藏』26, 723쪽. 상1.)

4) 波羅僧揭諦는 모두 다 같이 자신의 망념에서 출세(出世)하여 피안(彼岸)에서 살아가는 것을 뜻하는 것으로 pārasaṃgate라는 뜻이다.

자신의 만법(萬法)이 모두 공(空)이 되었다는 것을 강조하고 망념(妄念)에서 출세(出世)하였으니 피안(彼岸)에서 살아간다는 것이다.

바라승아제는 자신이 진여의 지혜를 체득하여 일체법이 공(空)이라는 것을 확인하고 자비를 실천하고 있는 것이다.

대전께서는 바라승아제를 다음과 같이 설했다.

五欲塵勞, 染污不得, 及本還源, 歸根得旨. 故曰, 波羅僧揭諦.

바라승아제는 오욕(五欲)의 번뇌에서도 오염(汚染)되지 않게 되는 것이고 그리고 본래로 환원(還源)하게 되어 본성에 계합하는 종지(宗旨)를 체득하게 된다. 그러므로 말하기를 바라승아제(波羅僧揭諦)라고 하는 것이다.

혜충께서는 다음과 같이 설했다.

波羅僧揭諦.
忠云, 淸淨而對, 塵勞得名, 塵勞本無, 淸淨不立. 故云, 波
羅僧揭諦.[178]

바라승아제를 혜충국사(?-775)께서 말씀하시기를, 청정
(淸淨)에 상대하는 것이기에 번뇌망념이라고 이름하는 것이
지만 번뇌망념은 근본적으로 없는 것이므로 청정이라는 말도
성립(成立)될 수 없는 것이다.

제바께서는 다음과 같이 설했다.

波羅僧揭帝.
決定往彼岸.[179]

바라승아제는 결정코 피안(彼岸)에 왕생(往生)한 것이다.

---

178) 『三註般若波羅蜜多心經』(『卍續藏』 26, 801쪽. 중16.)
179) 『註般若波羅蜜多心經』(『卍續藏』26, 723쪽. 상3.)

5) 菩提娑婆訶는 구경에는 진여의 지혜를 체득하여 모두 실천하며 살아갑시다. 라고 하는 것으로 범어로는 bodhisvāhā인데 bodhi와 svāhā로 구성된 것이다.

bodhi는 분명히 알다, 정통한 깨달음 등의 뜻이고 svāhā는 hail. may a blessing rest on! 등의 뜻으로 구경에는 진여의 지혜를 체득하는 것이고, 또 환영하는 것이나 축복으로 쉬게 된다는 것의 뜻인데, 진여의 지혜로 실천하며 살아가는 것이나 생활하는 것으로 번역을 하였다.

왜냐하면 구경(究竟)의 경지라고 하는 것은 최고의 깨달음을 말하는 것으로 공(空)에 의한 진여의 지혜를 말하는 것이다. 그러므로 이 진여의 지혜를 체득하는 것이 모든 망념을 쉬게 되는 것이기에 진여의 지혜로 생활해야 극락세계에 도달하여 살게 되는 것이다.

이것을 언어문자로 이렇게 설명은 하지만 실제로는 언어문자로는 이룰 수 없는 것이기에 진여의 지혜를 실천하며 살아갑시다라고 한 것이다.

또 모지는 진여의 지혜로 자각하는 뜻이 되는 것이고 사바하는 진여의 지혜로 자성을 친견하여 살아가는 것이다.

대전께서는 모지사바하를 다음과 같이 설했다.

菩提是初, 薩婆訶是末. 發菩提心, 勇猛修行, 迢出三界. 了無所了, 得無所得, 蕩然清淨, 極樂之所. 故曰, 薩婆訶. 看讀至此, 廓然頓悟. 三界, 欲界色界無色界也.[180]

모지(菩提, 깨달음, 자각)가 시작이고 사바하는 마지막이다. 보리심(菩提心)을 발원(發願)하여서 용맹(勇猛)하게 수행(修行)하면 삼계(三界)에서 멀리(迢) 출세(出世)하게 되는 것이 모지(菩提)이다.

그리고 출세하여 요달(了達)하여도 요달(了達)했다는 흔적이 없고, 체득해도 체득했다는 의식이 없게 되어 탕연(蕩然, 마음에 거리낌이 없는 모양)하고 청정(淸淨)하게 되는 것을 극락세계에 태어난다고 하는 것이다.

그러므로 이것을 사바하(薩婆訶)라고 말하는 것이다.

간경(看經)독경(讀經)하여 이 경지에 도달하게(至) 되면 확연(廓然)하게 돈오(頓悟)하게 되는 것이다.

삼계는 욕계(欲界)·색계(色界)·무색계(無色界)이다. 般若波羅蜜多心經注解(終) 반야바라밀다심경주해(끝) 『卍續藏』26, 949쪽. 에 있는 것을 번역한 것이다. 이 본(本)은 간결하면서 핵심만 추려놓은 것이 특징이다.

혜충께서는 다음과 같이 설했다.

菩提娑婆訶

忠云, 菩提是道, 薩婆訶是行, 悟達本性, 即是道行. 菩提言了, 薩婆訶言見, 了見本心, 實無生處. 故云, 薩婆訶. 菩提是心, 薩婆訶是法, 一切法, 本來是心. 故云, 薩婆訶. 如是神呪,

---

180) 『般若心經註解』卷1(『卍續藏』26, 950쪽. 중13.)

直指本心, 無動靜, 不可起心. 求心心無生滅, 不可將心滅心. 無內外中間, 求心心非, 一切處不可向, 一切處求心, 心不可得. 故即知無一切心. 以無一切心, 故即一切魔境攝不動, 以不動, 故即是際※一切魔. 經日, 降魔是道場, 不傾動故. 切見時人, 不了自心, 以治佗病. 心外見法, 魔境現前, 自心屬魔, 云何救彼. 經云, 自病不能救, 何救他疾. 縱令治得, 業繫幻身, 即是不出魔境界, 怕怖生死, 未免輪迴, 捨生趣生. 互為冤對, 如來出世, 為度沈迷, 令悟本心, 號為神呪. 不起妄念, 名日受持. 了本不生, 故名持念. 恒沙妙敎, 只為息攀緣, 一念不生, 諸緣頓息. 無邊病本, 隨念消除, 歷劫罪山, 一時摧倒. 如是功德, 不可思議, 拯拔群迷, 頓超佛位, 密傳斯法. 故號大悲. 智者心行, 愚人口誦, 經文具載, 理甚分明. 學者審詳, 無差謬矣.[181] ※ 際疑除.

모지사바하를 혜충국사(?-775)께서 말씀하시기를, 모지(菩提)는 도(道)이고 사바하는 행(行)이니 본성(本性)을 깨달아 통달하는 것이 곧 도행(道行, 진여의 지혜로 생활하는 것)을 말하는 것이다.

모지(菩提, 보리)는 요달한다는 말이고, 사바하(薩婆訶)는 친견한다는 뜻으로 본심(本心)을 깨달아 친견하여 실제로 망념이 생기는 것이 없는 것을 사바하(薩婆訶)라고 하는 것이다.

---

181) 『三註般若波羅蜜多心經』(『卍續藏』 26, 801쪽. 중19.)

모지(菩提)는 마음이고 사바하(薩婆訶)는 법(法)이니 일체법이 본래 마음인 것이므로 사바하라고 하는 것이다.

이와 같은 신령한 주문(呪文)은 본심(本心)을 직지(直指)하는 것으로 동정(動靜)이 없으니 마음(妄心)은 일어나는 것이 아니다.

마음을 구하면 마음은 생멸(生滅)이 없는 것이니 마음을 가지고 소멸시키려고 하는 것은 불가능한 것이다.

마음은 내외와 중간이 없으므로 망심(妄心)으로 본심을 구하면 본심(本心)은 아닌 것이니 일체처를 향하여 구할 수 있는 것도 아니며, 일체처에서 마음을 구하여도 마음은 얻을 수 없는 것이다. 그러므로 즉 일체의 마음은 없는 것이라는 것을 알아야 한다.

일체의 마음이 없는 것이므로 곧 일체의 마경(魔境)이 끌어당겨도 움직이는 것이 아니고 움직이는 것이 아니므로 즉 일체의 마경(魔境)을 제거하게 되는 것이다.

경(經)에 말하기를, 마경(魔境)을 항복시키면 도량(道場, 좌도량)이고 마음이 동요하지 않기 때문이다라고 하였다. 일체의 세간 사람들을 보면 자기의 마음을 요달하지 못하여 병을 짊어지고 치료(治)하려고 하는 것이 된다.

마음 밖에서 법(法)을 보려고 하면 마경(魔境)이 현전(現前)하여 자기의 마음이 마경(魔境)에 속하는데 어떻게 그것을 구하겠는가?

경(經)에 말하기를 자기의 병(病)도 고치지 못하면서 어떻게 남의 질병을 고쳐줄 것인가? 치료하여 자유롭게 하더라도 환화와 같은 몸이 업장(業障)으로 구속되어 있어서 즉 마장의 경계(魔境)에서 벗어나지 못하니 생사(生死)의 두려움에서 윤회하며 벗어나지 못하는 것이고, 즉 망념이 생기는 것(生)을 버리려고 하는 것이 오히려 망념으로 나아가게 되는 것이다.

이와 같이 함께 실체가 없는 죄를 상대하기 위하여 여래가 출세하여 미혹에 빠져 있는 중생들을 제도(濟度)하고 본심(本心)을 깨닫게 하는 것을 이름 하여 신령한 주문(呪文, 진실한 말씀)이라고 하는 것이다.

망념(妄念)이 일어나지 않는 것을 이름 하여 수지(受持)한다고 하는 것이다.

본성(本性)에는 망념(妄念)이 생기지 않는다고 요달하는 것을 지념(持念)이라고 하는 것이다.

항하사의 현묘한 가르침은 단지 반연(攀緣)을 쉬게 하는 것이니 일념(一念)의 망념(妄念)도 생기지 않으면 모든 윤회하는 인연법(因緣法)을 바로 쉬게 되는 것이다.

한량없는 근본적인 병들이 일념(一念)에 따라 제거하게 되면 역겁동안 지은 죄업의 덩어리는 일시에 무너지게 되는 것이다.

이와 같은 공덕(功德)은 불가사의(不可思議) 하여 수많은 미혹을 뽑아내니 바로 불위(佛位)를 초월하여 이와 같은 법을 이심전심(以心傳心)하게 되는 것이다. 그러므로 대비(大悲)라고 하는 것이다.

지혜가 있는 이는 마음으로 행(行)하지만 어리석은 사람은 입으로만 말하는 것이라는 것을 경전에 문장으로 모두 기재되어 있고 이치로도 아주 분명한 것이다.

수행자는 상세하게 알아야 하니 조금의 착오도 없도록
해야 한다.

부용선사도해(1043-1118)께서는 다음과 같이 설했다.

楷云, 故說般若波羅蜜多呪, 乃至菩提娑婆訶者, 呪不譯者
也, 如鈴鐸聲. 有聲不說, 以明菩提離言說. 諸佛固知, 無法可
法, 然寂默成誑, 言說成謗, 不誑不謗, 向上有事在此. 呪者,
說時默也, 判*此結集經意, 一大藏敎, 一齊掃盡, 只留此經.
故曰, 心經.[182) * 判疑到.

부용선사도해(1043-1118)께서 말씀하시기를, 그러므로
반야바라밀다를 주문으로 설하는 것에서 시작하여 모지사바
하까지의 주문(呪文)은 번역을 하지 않는 것으로 요령과 목탁
의 소리와 같은 것이다.

소리는 있으나 설명할 수 없는 것을 모지(菩提)라고 밝힌
것으로 언설(言說)을 벗어난 것이다.

제불(諸佛)이 한결같이 깨달은 것은 무법(無法)이 옳은
법(法)이라는 것이지만 말을 하지 못하는 것은 기만하는 것이
되고, 말을 하여 설명하면 비방하는 것이 되니, 기만하지도
않고 비방하지도 않아야 향상사(向上事)가 항상 이곳에 있게

---

182) 『三註般若波羅蜜多心經』(『卍續藏』 26, 801쪽. 하14.)

되는 것이다.

주(呪, 진실한 말씀)는 설(說)할 때에 망념(妄念)이 없어야 하는 것으로, 이 경지에 도달하면(판단하여 이와 같이 되면) 결집(結集)한 경전의 의지(意旨)인 일대장교[183]를 일제히 소진(掃盡)한 것이 되어 단지 이 경(經)만 남아 있게 되는 것이다. 그러므로 심경(心經)이라고 하는 것이다.

자수선사회심(1077-1132, 혜림, 혜심)께서는 다음과 같이 설했다.

深云, 揭諦揭諦, 乃至菩提娑婆訶者, 諸佛菩薩, 所說神呪, 不許解說, 唯許受持. 自有靈驗, 如來顯說, 密談蓋有妙旨, 或有解云, 揭諦自利, 再言利他也. 婆羅者, 彼岸也, 僧衆也. 菩提者, 處也. 薩婆訶者, 無所處, 無菩提, 可證也, 輒以存之.[184]

자수선사회심(1077-1132, 혜림, 혜심)께서 말씀하시기를, 아제아제에서 모지사바하까지는 제불(諸佛)보살(菩薩)께서 신주(神呪, 신령한 말씀)를 설한 것으로 해설(解說)하는 것을 허락하지 않고 오직 수지(受持)하는 것만 허락한 것이다.

---

183) 일대장교(一大藏敎) : 석가모니불께서 설한 경율논 삼장의 가르침을 말하는 것으로 모든 불교의 가르침을 지칭하는 것이다.
184) 『三註般若波羅蜜多心經』(『卍續藏』 26, 801쪽.하19.)

자신에게 영험(靈驗)이 있는 것을 여래(如來)께서 밀담(密談)을 설하여 나타낸 것이 모두 묘지(妙旨)인 것이다.

혹은 해설하여 말하기를, 아제는 자리(自利)이고 다시 중복하여 말하는 아제는 이타(利他)를 말하는 것이다.

바라(婆羅)는 피안(彼岸)으로 승중(僧眾, 진여와 화합하여 살아가는 승가의 대중)이다.

모지(菩提)는 본심(本心, 佛心)의 마음을 깨달은 것이다.

사바하는 대상으로 깨달을 것이 없는 것이고, 모지(菩提, 도, 본심)도 없다는 것을 가히 증득해야 하는 것이 갑자기 존재하게 되는 것이 이것이다.

三注般若波羅蜜多心經(終) 삼주반야바라밀다심경(끝)

제바께서는 다음과 같이 설했다.

菩提娑婆訶

言道心眾生, 是知有道心者, 即能內外推求. 內外推求, 即
真理自現, 達理性故. 不為生死所羈, 生死既不能羈, 此處即
為彼岸. 若無道心, 即不能談此妙道, 以不行故. 無由到於彼
岸, 為欲勸進行人. 故言揭帝揭帝波羅揭帝波羅僧揭帝菩提
娑婆訶.185)

　모지사바하에서 도심(道心)중생(眾生)186)이라고 말하는
것은 도심(道心)으로 행하는 것을 아는 이는 즉 능히 내외(內
外)를 궁구(推求)187)하는 것이다.

　내외(內外)를 깊이 궁구(推求)하면 즉 진리(眞理)가 자연히
나타나게 되어 진리의 본성(本性, 眞如)을 통달하게 되는
것이므로 생사(生死)의 굴레에 빠지지 않게 되니 생사(生死)
는 이미 굴레가 없게 되는 이곳을 바로 피안(彼岸)이라고
하는 것이다.

　만약에 도심(道心)이 없다면 즉 이와 같은 현묘한 도(道)를
능히 말할 수 없을 것이므로 행(行)할 수 없는 것이다.

　그러므로 피안(彼岸)에 도달할 수 없는 것이므로 부지런히

---

185) 『註般若波羅蜜多心經』(『卍續藏』26, 723쪽. 상5.)
186) 도심(道心)중생(眾生): 도심(道心)중생(眾生)은 항상 관조(觀照)하므로 일체법
　　(一切法)과 비법(非法)으로 행하지 않으니 이에(乃至) 고락(苦樂)을 그곳에
　　잡아가두게 되는 것(拘執)이다. 그러므로 관자재보살이라고 말하는 것이고,
　　도(道)를 행하는 사람으로 도(道)로 적정하게 처리하는 사람(士).
187) 추구(推求) : 깊이 궁구하는 것. 면밀하게 조사함.

수행하여 정진하기를 바라는 것이다.

　그러므로 아제아제 바라아제 바라승아제 모지사바하라고
하는 것이다.　般若心經註

10. 원측의 揭諦揭諦波羅揭諦波羅僧揭諦菩提莎婆呵

원측의『佛說般若波羅蜜多心經贊』卷1(『大正藏』33, 551 쪽. 하9.)에 의하면 주문을 다음과 같이 설하고 있다.

「故說般若波羅蜜多呪即說呪曰, 揭諦揭諦波羅揭諦波羅僧揭諦菩提莎婆呵者.

此即第二, 擧頌結歎, 於中有二. 初長行標, 擧後以頌 正歎, 然釋此頌 諸說不同.

一曰此頌, 不可翻譯, 古來相傳. 此呪乃是, 西域正音, 祕密 辭句, 翻即失驗, 故存梵語. 又解呪中, 說諸聖名, 或說鬼神, 或說諸法, 甚深奧義, 言含多義. 此方無言, 正當彼語, 故存梵 音, 如薄伽梵.

一曰諸呪, 密可翻譯, 如言南無佛陀耶等. 釋此頌句, 判之 為三. 初揭諦揭諦, 此云度度. 頌前長行, 般若二字. 此顯般若, 有大功能, 自度度他, 故云度度.

次波羅等句, 即頌長行, 波羅蜜多. 此云彼岸到, 是即涅槃, 名彼岸也. 揭諦言度, 度到何處. 謂即彼岸, 是度之處. 故云, 波羅揭諦, 言波羅者, 翻名如上. 僧揭諦者, 此云到竟. 言菩提 者, 是彼岸體. 後莎婆呵, 此云速疾, 謂由妙慧, 有勝功用, 即 能速疾, 到菩提岸.

又解頌中, 有其四句, 分為二節. 初之二句, 約法歎勝, 後有 二句, 就人歎勝. 就約法中, 先因後果. 重言揭諦, 此云勝勝, 因位般若, 具自他利, 二種勝用, 故云勝勝.

波羅揭諦, 言彼岸勝, 由般若故, 得涅槃勝岸, 故言彼岸勝,

就歎人中, 先因後果. 波羅僧揭諦, 此云彼岸僧勝. 此歎因位, 一乘菩薩, 求彼岸人. 菩提莎婆呵. 此云覺究竟. 此歎果位, 三身果人, 覺法已滿, 名覺究竟. 或可四句, 歎三寶勝. 初之二句, 如次應知, 歎行果法. 第三四句, 如次應知, 歎僧及佛矣.」

그러므로 반야바라밀다(반야의 지혜로 육도윤회를 벗어나서 피안에 살아가는 방법)의 진실한 말씀을 곧 바로 정음(正音)인 범어로 말하는 것으로 아제아제 바라아제 바라승아제 모지사바하라고 하는 것을 설명하면 다음과 같다.

이것은 공(空)으로 게송을 정확하게 나타내어 찬탄하며 결론짓는 것이고 이것 중에는 두 가지가 있다. 처음은 장행(長行)을 표방(標榜)하여 정확하게 나타내고 그 다음은 게송으로 정확하게 찬탄한 것이나 이 게송을 해석하여 많은 설명을 한 것이 똑같지는 않다.

하나는 이 (주문의) 게송에 대하여 말하기를 옛날부터 대대로 전해오던 것으로 번역하고 해석하는 것을 허락하지 않는다는 것이다. 이 주문(呪文)은 서역(인도, 범어) 글자의 본음(正音)으로 비밀한 문장(辭句)이어서 번역하면 효험(效驗)을 잃게 된다고 하여 범어 그대로 주문(呪文)으로 보존하고 있는 것이다.

또 주문을 해석하는 중에 모든 성인의 명칭으로 설하기도 하고, 혹은 귀신으로 설하기도 하고, 혹은 제법(諸法)으로 설하는데 깊고 깊은 오의(奧義, 속뜻, 정확한 의미)가 있어서 주문에는 다양한 뜻을 포함하고 있는 것이다.

이것을 언어문자로 표현할 정확하고 합당한 그 말이 없어서 범음을 그대로 둔 것으로 박가범(薄伽梵, 박바, 바가범, 세존, 여래등)과 같은 말이다.

또 하나는 모든 주문은 깊은 의지를 바르게 번역하여야 하는 것으로 나무불타야등과 같이 말하는 것을 번역하여야 한다고 말하고 있는 것이다.

이 게송(아제아제바라아제…)을 해석하면 세 부분으로 나누어지는데 처음부분의 아제아제는 도(度, 지혜로 건너다, 아공)도(度, 진여의 지혜로 출세, 제도, 법공)라고 할 수 있다. 이 게송 앞의 장행(長行, 설명, 도도)은 반야를 설명한 것이다. 이것은 반야를 나타낸 것으로 위대한 공능(功能, 힘, 능력, 공으로 훈습하는 능력)이 있어서 자신을 제도(濟度)하고 타인을 제도(濟度)하는 진여의 지혜로운 생활을 하는 자비를 말하므로 도도(度度, 출세하고 출세하였다)라고 하는 것이다.

다음은 바라등(바라아제…)의 문구는 바라밀다를 게송으로 설명하는 것이다. 이것은 피안에 도달한 것을 말하는 것으로 즉 열반을 피안이라고 한다.

아제라고 말하는 도(度)는 도달한 것을 말하는 것이고, 다음의 도(度)는 도달하여 어디에 도착한 것이다.

설명하면 피안을 말하는 것으로 도달한 곳을 말하는 것이다. 그러므로 말하기를 바라아제에서 바라라고 말하는 것은 번역하면 앞에 설명한 것과 같은 것이다.

승아제는 구경의 경지에 도달한 것을 말하는 것이다.

모지라고 하는 것은 피안의 본체를 말하는 것이다.

마지막의 사바하는 바로라고 하는 것으로 신묘한 진여의 지혜에는 수승한 공용(功用, 신구의(身口意)로 짓는 것, 동작, 말, 생각으로 짓는 것)이 있어서 즉 능히 바로 모지의 피안에 도달하게 되는 것이다.

또 해석하면 게송 중에는 4개의 구(句)가 있는데 두 개의 마디로 나눌 수 있다.

처음의 두 구(句)는 법을 요약하여 수승함을 찬탄하는 것이고 다음의 두 구(句)는 사람이 취(就, 하나가 되는 것, 삼매)하는 것이 수승함을 찬탄하는 것이다.

앞의 취약(就約)하는 법(法)중에 앞의 것은 인위(因位)이고 뒤의 것은 과위(果位)이다.

반복해서 아제아제라고 말하는 것은 이것이 승승(勝勝, 위대하고 위대하다)한 것을 말하는 것으로 인위(因位)가 반야(般若)는 자타(自他)를 이롭게 하는 두 종류의 수승한 공용(功用)을 구족하고 있는 것이므로 승승(勝勝)하다고 하는 것이다.

바라아제는 피안이 수승하다는 것을 말하는 것으로 반야에 의하여 열반을 체득하여 피안에 도달하므로 피안을 수승하다고 말하는 것이고, 취(就)한 것을 찬탄하는 것은 사람 중에 앞이 인위이고 뒤가 과위가 있다고 말하는 것이다.

바라승아제 이것을 번역하면 피안에 도달한 승(僧)이 수승하다는 것이다. 이것은 인위(因位, 보살의 지위)를 찬탄하는 것이고 일승(一乘)의 보살(菩薩)이 피안에 도달하기를 구하는 것이다.

모지사하바 이것은 구경(究竟)의 깨달음이다. 이것은 과위
(果位, 부처의 지위)를 찬탄한 것으로 삼신(三身, 법신·보
신·화신)의 과위를 증득한 사람이 법(法)을 자각하여 이미
충만한 것을 이름하여 구경의 깨달음이라고 한 것이다.

혹은 4구(句)로 삼보의 수승함을 찬탄하기도 한다. 처음의
두 구(句)는 다음에 말하는 것과 같이 반드시 법보(法寶,
삼학의 지혜)를 익혀서 실천하는 것임을 마땅히 알아야 하는
것이다.

다음의 3·4구(句)는 다음에 말하는 것과 같이 승보(僧寶,
진여의 지혜로 실천)와 불보(佛寶, 진여의 지혜를 체득하여
자리이타를 실천)를 찬탄하는 것이라는 것을 마땅히 알아야
한다.

윤회를 벗어나는 마하반야바라밀다심경

2014年 12月 21日 發行

譯註 | 良志
書畵 | 南靑
發行處 | 맑은소리 맑은나라

ISBN | 978-89-94782-39-3
값 15,000원

우편으로 책을 구입하실 경우 아래 온라인 계좌를 이용해 주십시오.
농협 817102-56-023396 (임성순)
휴대전화 010-4115-9852

법보시 및 다량 구매시 할인해 드립니다.
잘못된 책은 바꾸어 드립니다.